Herausforderung angenommen!

Herausforderung angenommen!

Peter Wißmann, Leo Beni Steinauer, Rolf Könemann

Peter Wißmann
Leo Beni Steinauer
Rolf Könemann

Herausforderung angenommen!

Unser neues Leben mit Demenz

Mit einem Geleitwort von MMag[a] Christina Pletzer

Peter Wißmann. Buchautor, ehem. Leiter Demenz Support & KuKuK-TV, Innsbruck
E-Mail peter.wissmann@gmx.de
Leo Beni Steinauer, Inzlingen
Rolf Könemann, Inzlingen
E-Mail koenemann.rolf@googlemail.com

Bibliografische Information der Deutschen Nationalbibliothek
Die Deutsche Nationalbibliothek verzeichnet diese Publikation in der Deutschen Nationalbibliografie; detaillierte bibliografische Daten sind im Internet über http://www.dnb.de abrufbar.

Anregungen und Zuschriften bitte an:
Hogrefe AG
Lektorat Pflege
z. Hd. Jürgen Georg
Länggass-Strasse 76
3012 Bern
Schweiz
Tel. +41 31 300 45 00
info@hogrefe.ch
www.hogrefe.ch

Lektorat: Jürgen Georg, Christina Nurawar Sani, Joëlle Zemp
Herstellung: René Tschirren
Umschlagabbildung: Noah Werner, Lörrach
Umschlag: Claude Borer, Riehen
Illustration/Fotos (Innenteil): Rolf Könemann, Noah Werner, Lörrach/Inzingen
Satz: punktgenau GmbH, Bühl
Druck und buchbinderische Verarbeitung: Finidr s. r. o., Český Těšín
Printed in Czech Republic

1. Auflage 2021

(E-Book-ISBN_PDF 978-3-456-96166-8)
(E-Book-ISBN_EPUB 978-3-456-76166-4)
ISBN 978-3-456-86166-1
http://doi.org/10.1024/86166-000

Inhaltsverzeichnis

Geleitwort

Ich bin Beni das erste Mal bei einer Demenzveranstaltung im Jahr 2019 in Wien begegnet. Obwohl wir uns zuvor noch nie gesehen hatten, strahlte Beni eine besondere Herzenswärme aus. Er war damals sofort bereit, mir ein kurzes Interview zum Thema ‚Reisen mit kognitiven Einschränkungen' zu geben. Ich war fasziniert von der Offenheit, mit der er über sein Leben und das seines Mannes Rolf sprach. Unser Gespräch sollte sich 2019 fortsetzen. Damals saßen wir erneut nach einem Arbeitstreffen in einem Restaurant zusammen. Beni erzählte über die Herausforderungen, der sich sein Partner und er ausgesetzt sehen. Der Hintergrund: die Diagnose Lewy-Body-Demenz bei Beni. Die Auswirkung: ein Leben mit kognitiven Einschränkungen, das es zu bewältigen gilt. Beni berichtete über seine Ängste, wir sprachen über den Tod und das Sterben, aber auch über die Liebe: zu seinem Partner Rolf und, auf einer anderen Ebene, zum Leben und zu den Menschen. Benis uneingeschränkte und in einem vollkommen positiven Sinn schlichte Offenheit hat mich damals sehr berührt.

Und bis heute erstaunt mich immer wieder, wie mutig Beni und sein Partner den mit der Erkrankung einhergehenden Herausforderungen begegnen. Natürlich haben auch sie die Phase des Schocks, der Verzweiflung und der Orientierungslosigkeit nach der Diagnosemitteilung erlebt. Doch ihr starker Lebenswille sorgt dafür, dass sie sich ihr Leben und ihr gemeinsames Glück nicht von einer Diagnose oder Behinderung zerstören lassen. Rolf und Beni verstecken sich nicht vor der Außenwelt. Offen, ja, offensiv gehen sie hinaus und ermutigen in ihrer sympathischen Weise auch andere Personen, sich nicht länger zu verstecken. Bodenständig leben die beiden ihre Beziehung und versuchen andere Menschen anzuregen, ihren ganz eigenen Weg des Umgangs mit einer großen gesundheitlichen oder anderen existenziellen Herausforderung zu finden.

Was ist das Besondere an dem Buch, das Sie gerade in den Händen halten?

Für Menschen mit neurokognitiven Störungen wie denjenigen, mit denen Beni lebt, ist der Prozess von der Diagnosestellung bis hin zur Akzeptanz der Behinderung ein oftmals langer und steiniger Weg. Das gilt für die unmittelbar betroffenen Personen und deren Angehörigen gleichermaßen. In meiner Praxis als Psychologin erlebe ich häufig, dass diese Menschen von negativen Erfahrungen hinsichtlich der Vermittlung der Diagnose berichten. Informationen, die sie zum Thema Demenz erhalten und finden, wirken oft angstmachend und entmutigend. Vorgeschlagene Hilfsangebote sind nur selten passend.

In diesem Buch setzen sich Beni und Rolf kritisch mit solchen Erfahrungen, die auch sie gemacht haben, auseinander. Sie thematisieren das Verhalten von Ärzten und die Kommunikation rund um die Diagnosestellung. Sie hinterfragen den Realitätsgrad von Diagnosen und von Zuschreibungen, die mit ihnen verbunden sind. Und sie schildern deren Auswirkungen auf die betroffene Person und das nahe Umfeld. Vielleicht erkennen sich andere Menschen in vielem, was im Buch von den beiden so eindrücklich beschrieben wird, wieder. Ihr Bericht soll dazu ermutigen, sich nicht unkritisch mit einer Diagnose abzufinden, sondern sich selbst und nahestehende Personen im Umgang damit immer wieder zu hinterfragen und zu widersprechen, wenn bestimmte Zuschreibungen nicht zutreffend sind.

Die beiden Männer zeigen auf, wie wichtig ein stützendes soziales Netzwerk für betroffene Personen ist. Dazu gehören nahestehende Bezugspersonen, Familie und Freunde, darüber hinaus auch Menschen, die sich in einer ähnlichen Lebenslage befinden. Zum Beispiel, weil sie mit neurokognitiven Einschränkungen leben müssen.

Aus meiner persönlichen Erfahrung in der Moderation einer unterstützten Selbsthilfegruppe von Menschen mit Gedächtnisproblemen sowie in der Rolle als Koordinatorin des Selbsthilfenetzwerks EmpowerMenz kann ich bestätigen, wie wichtig und stärkend der Austausch von Gleichbetroffenen ist. Immer wieder kann ich beobachten, dass durch einen solchen Austausch die Scham über die kognitive Behinderung überwunden werden kann und sich neue Perspektiven für Betroffene und Angehörige eröffnen. So wie bei Beni und Rolf zeigt sich immer wieder, dass die Offenheit im Umgang mit seiner Behinderung ein günstiges und stützendes Umfeld schaffen kann – in der Nachbarschaft, in der Familie, im Freundeskreis, in der Nachbarschaft und in der Gemeinde, in der man lebt. Niemand muss in der Opferrolle bleiben, sondern kann selbst etwas tun und bewirken, kann lernen, auch mit Beeinträchtigungen ein gutes und lebenswertes Leben zu führen.

Beni hat die Gabe, Menschen mit seiner besonderen persönlichen Ausstrahlung in den Bann zu ziehen. Er spricht mit dem Herzen. Die Gespräche gehen in die Tiefe. Er erzählt keine oberflächlichen Geschichten, es sind Schätze, angereichert mit seiner persönlichen Erfahrung und mit Liebe und Offenheit dem Leben gegenüber. Ich wünsche mir, dass noch mehr Menschen, die mit neurokognitiven Beeinträchtigungen leben, diese Liebe zum Leben wiederentdecken. Dass sie sich nicht unterkriegen lassen, sondern sich der Herausforderung stellen, offen und kritisch mit der Diagnose und ihrer Lebenssituation umzugehen. Jeder Mensch, mit oder ohne Behinderung, kann lernen, auf die eigene Kraft zu bauen. Gemeinsam mit Gleichbetroffenen kann diese Kraft wachsen.

Beni und Rolf geben in diesem Buch Einblick in ihr Leben, um andere Menschen zu stärken. Es wäre doch zu schade, wenn ihre mutmachende Geschichte der Welt vorenthalten bliebe.

MMag[a] Christina Pletzer
Klinische und Gesundheitspsychologin
Team Wachstum ab der Lebensmitte (WaL)
Innsbruck

1.
Gestern und heute – Wie sich das Leben verändert

Das Leben gehört dem Lebendigen an,
und wer lebt, muß auf Wechsel gefasst sein.
(Johann Wolfgang von Goethe)

„Können Sie mir Hilfe leisten?“ Die Frau, die diese Worte spricht, lächelt Beni Steinauer freundlich an. „Ich suche ein Paar schöne Winterstiefel.“ Der junge Verkäufer hat an diesem Tag bereits eine ganze Reihe von Kunden bedient und ist wie immer guter Laune. „Aber selbstverständlich! Folgen Sie mir bitte!“ Beni mustert unaufdringlich die vor ihm stehende Frau, um sich ein Bild über ihren Stil zu machen. „Elegante Erscheinung“, denkt er, „da fallen mir gleich ein paar Stiefel aus unserer Kollektion ein, die ich präsentieren könnte.“ Er bittet die Dame, Platz zu nehmen und macht sich auf, Stiefel zur Ansicht herbeizuholen. Nachdem er zurückgekehrt ist und das Schuhwerk vor der Kundin ausgebreitet hat, probiert diese jedes der Paare an und beschaut das Ergebnis im Spiegel. „Was würden Sie mir raten?“, wendet sie sich schließlich an Beni. Der ist nun in seinem Element. Sachkundig erläutert er die Vorteile und die eventuellen Nachteile eines jeden Stiefelpaars, macht auf deren Wirkung in Beziehung zur Kleidung und Frisur der potenziellen Trägerin aufmerksam und spricht am Ende eine Empfehlung aus. „Sie haben recht“, bedankt sich die Frau. „Ich nehme das empfohlene Paar. Und das andere dort hinten auch noch.“ Beni freut sich, wieder einmal eine Kundin zu deren Zufriedenheit beraten zu haben, und begleitet sie zur Kasse. „Ist es möglich, mit Bankkarte zu zahlen?“, fragt die Dame. Beni witzelt: „Wenn die Karte gedeckt ist, jederzeit.“ Die Verkäuferin an der Kasse verdreht die Augen und eine Kollegin, die gerade Schuhe in ein Regal einsortiert, stöhnt leise auf. „Seit wann darf man hier denn keinen Witz mehr machen?“, denkt sich Beni und schüttelt unwillig den Kopf. Die Kundin bedankt sich noch einmal bei ihm für die gute Beratung und verlässt mit ihrem Einkauf das Geschäft. „Mann Beni, gehts noch? Weißt du denn nicht, wen du da gerade bedient hast?“ Nein, das weiß Beni nicht. Nach seinem Verständnis hat er eine von mehreren anderen Kundinnen an diesem Tag bedient, und das offensichtlich erfolgreich. Wo liegt also das Problem? Wie sich herausstellt, war diese Kundin durchaus ein wenig anders als die anderen. Oder geschieht es in einem Schuhgeschäft etwa jeden Tag, dass man eine waschechte Fürstin aus einem kleinen Land in Europa bedient? Auch Beni kann schließlich über die Situation lachen. Aber letztendlich ist es ihm gleich, wer die elegante Dame war, die gleich zwei Paar teure Stiefel bei ihm gekauft hat. Jeder Schuh sollte zu seinem Träger oder seiner Trägerin passen. Das ist es, was den passionierten Schuhverkäufer antreibt.

Fast zwanzig Uhr! Wieder einmal so spät. Dabei hatte Rolf Könemann gehofft, an diesem Tag etwas früher von der Arbeit nach Hause fahren zu können. Um acht Uhr hat er wie gewohnt die Wohnung verlassen. Dass es ein anstrengender Tag werden würde, war ihm da schon klar gewesen. Als Bezirksleiter eines großen Schuhdiscounters galt es, am Vormittag eine Niederlassung in der näheren Umgebung zu besuchen. Und ab nachmittags musste er wieder in seinem Stammbetrieb in Rheinfelden präsent sein. Gespräche mit den Mitarbeiterinnen und Mitarbeitern, Schuhverkauf im Geschäft und dann noch der notwendige bürokratische Aufwand. Abrechnungen, Buchhaltung, Schreibarbeit.

Rolf lässt den Motor seines Nissans an und steuert den Wagen vom Parkplatz des Betriebes. Wenn nichts dazwischenkommt, kann er in zwanzig Minuten zuhause sein. Seine Arbeit macht dem Anfangsfünziger Spaß. Doch manchmal, an langen Tagen wie diesem, ist sie auch anstrengend. Er freut sich auf einen ruhigen Abend, weiß aber auch, dass er sich nach seinem Ankommen zuhause nicht einfach aufs Sofa legen und den lieben Gott einen guten Mann sein lassen kann. Wenn man den Ehepartner viele Stunden lang nicht gesehen hat, möchte man sich auch austauschen. Wenn dieser Ehepartner, anders als man selbst, nicht mehr arbeitet, sondern den Tag zuhause verbracht hat, freut er sich darauf, von dem anderen ‚Geschichten von draußen‘ zu hören. Und wenn der Ehepartner auch noch kognitive und körperliche Einschränkungen hat, dann weiß man, dass es nach dem Nachhausekommen noch einiges zu tun geben wird.

All das weiß Rolf. Ihm ist bewusst, dass der ruhige Abend noch ein wenig auf sich warten lassen wird. Auch macht er sich wie immer ein wenig Sorgen um seinen Partner zuhause. Und dennoch freut er sich auf das Nachhausekommen und die folgenden Stunden.

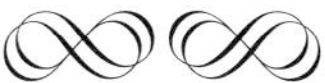

Zwischen dem erfolgreichen Verkaufstag von Beni in einem renommierten Züricher Schuhgeschäft und dem anstrengenden Arbeitstag von Rolf im baden-württembergischen Rheinfelden liegen über fünfunddreißig Jahre. Beni ist seit einigen Jahren nicht mehr berufstätig. Der Verkäufer aus Leidenschaft bedauert das. Er ist nicht freiwillig aus dem Berufsleben ausgeschieden. Halt gibt ihm seine langwährende Beziehung und Ehe. Rolf hat, wenn nichts Unvorhergesehenes dazwischenkommt, noch rund zehn Jahre bis zum Renteneintritt. Auch er ist verheiratet. Konkret: Rolf und Beni sind ein Ehepaar. Und sie stehen vor einer großen Herausforderung. Denn bei Beni will manches nicht mehr so funktionieren wie früher. Die Ärzte haben dem Ganzen einen Namen gegeben: Lewy-Body-Demenz.

Anmerkung: In der Tat hat Beni 2017 die Diagnose *Lewy-Body-Demenz* erhalten. Im Buch schildern wir, wie wir im Lauf unserer Gespräche immer mehr Zweifel an der Richtigkeit dieser Diagnose entwickelt haben. 2021 fanden unsere Zweifel schließlich eine Bestätigung. Ärzte des Demenz-Therapiezentrums Bad Aibling schlossen sich ihnen an und kamen nach entsprechenden Untersuchungen zu dem Schluß, dass es sich bei Beni mit großer Wahrscheinlichkeit um keine Lewy-Body-Demenz handelt und am wahrscheinlichsten die Diagnose PCA (Posteriore kortikale Atrophie) ist. Im Text, der den Zeitraum zwischen 2017 bis zum Sommer 2021 umfasst, ist natürlich dennoch meistens von der Lewy-Body-Demenz die Rede. Nur in wenigen Fällen haben wir diesen Begriff durch die allgemeinere Bezeichnung Demenz ersetzt. Aus bestimmten Gründen findet diese Bezeichnung im Buch Verwendung, obwohl einer der Autoren sie für ungeeignet zur Bezeichnung neurokognitiver Beeinträchtigungen hält.

2.
Das Kennenlernen – Von der Flucht aus der Bar in den Hafen der Ehe

Wie süß ist alles erste Kennenlernen. Du lebst so lange nur als du entdeckst.
(Christian Morgenstern)

Beni und Rolf sind seit vielen Jahren ein Paar. Hätten sie gleich zu Beginn ihrer Beziehung geheiratet oder heiraten können, wären sie jetzt vielleicht mit Gedanken zur nicht mehr fernen Silberhochzeit beschäftigt. Jede noch so lange Beziehung hat irgendwann einmal einen Beginn. Der Start für Beni und Rolf war 1997 und spielte in Basel. Beni hat zu dieser Zeit dort gelebt und gearbeitet. Rolfs Wohnort lag auf der anderen Seite der Grenze, in Deutschland. Doch Basel war nah und wer in seiner Freizeit ein wenig erleben wollte, kam immer wieder gerne in die schöne mittelalterliche Schweizer Stadt.

Rolf erinnert sich: „Ich bin 1992 von Bielefeld nach Baden-Württemberg ins beschauliche Weil am Rhein gezogen. Mit meinem damaligen Freund war ich nach der Arbeit oder an den Wochenenden immer gern in Basel unterwegs. Ein oder zwei Jahre später sind Beni und ich uns dann das erste Mal begegnet. Eher flüchtig. Wir saßen in einer Bar bei einem schönen Rotwein, als mein Freund mich anstieß und meinte: „Schau mal da drüben der Typ! Der kann seinen Blick ja gar nicht von dir wenden!“ Der Typ, von dem die Rede ist, war Beni, der dort nach anstrengenden Arbeitstagen ein wenig Entspannung bei einem Glas Bier suchte. Er weiß noch: „Die beiden sind mir sofort beim Eintreten in die Bar aufgefallen. Vor allem der eine, den ich später als Rolf kennenlernen sollte. Großgewachsen, sportliche Figur. Und Haare bis zu den Schultern. Eigentlich gefallen mir lange

Haare gar nicht. Aber ich habe gedacht: „Wenn der sich mal die Haare schneiden lassen würde, dann sähe er ja noch schöner aus als jetzt!"

Außer Blicken, die zwischen Beni und Rolf in der Bar hin und her schwirren, passiert nichts an diesem Tag. Man hat sich registriert und findet sich sympathisch. Oder auch ein wenig mehr.

Aber einige Zeit später, es muss 1997 gewesen sein, hat man sich wieder einmal zufällig getroffen. In derselben Bar, in der schon einmal Blicke ausgetauscht worden waren. Doch dieses Mal sind beide alleine dort. Die Beziehung zwischen Rolf und seinem damaligen Begleiter existiert nicht mehr. Und so verläuft dieses Aufeinandertreffen der beiden Männer etwas anders als das erste. Es ist Rolf, der an diesem Tag in die Offensive geht. „Als sich unsere Blicke wieder einmal von Tisch zu Tisch getroffen haben, bin ich zu einem etwas intensiveren Schauen übergegangen. Mit durchaus überraschender Wirkung! Beni hat das nämlich sichtlich nervös gemacht. Er hat gar nicht recht gewusst, wo er hinschauen soll, und dann ist er plötzlich aufgestanden und hat etwas überstürzt die Bar verlassen. Das sah schon wie eine Flucht aus. Ich wusste nicht, was ich davon halten sollte. Aber siehe da: Nicht einmal eine halbe Stunde war vergangen, da öffnete sich die Eingangstüre der Bar und herein kam: Beni! Irgendwie hat mich das ein wenig erleichtert. Der ist sicherlich beruflich unterwegs, Taxifahrer oder so, habe ich noch gedacht."

Taxifahrer ist Beni nicht und sein überstürzter Abgang aus der Bar hatte ebenso wie seine Rückkehr dorthin ganz andere als berufliche Gründe. „Der Rolf, der hat mir ja wirklich sehr gut gefallen. Aber seine Blicke haben mich an diesem Tag ganz nervös gemacht. Ich war seinerzeit noch in einer anderen Beziehung. Die kriselte zwar schon und neigte sich dem Ende zu, aber dennoch habe ich gedacht: Mein Gott, was tue ich denn! Ich kann doch nicht einfach mit einem anderen Mann herumflirten."

Wie auch immer: Die beiden Männer kommen ins Gespräch. Rolf ist es, der die Initiative ergreift. Heute lachen beide darüber. „Eigentlich ist doch Rolf der eher Schüchterne und ich der offen auf alles und jedermann Zugehende. Aber damals war es einfach anders."

In der Folgezeit treffen sich die beiden Männer immer wieder einmal. WhatsApp und Messenger-Dienste gibt es damals noch nicht. Wer sich sehen möchte, muss sich konkret verabreden: an einem bestimmten Tag, zu einer bestimmten Uhrzeit, an diesem oder jenem Ort. Von Treffen zu Treffen kommen Beni und Rolf sich näher und stellen viele Gemeinsamkeiten fest. Beide sind in der Schuhbranche tätig. Beide lieben Gran Canaria und haben dort schon viele Urlaube verbracht. Beni war seit 1988 jedes Jahr dort. Und Rolf hat seit 1990 seine Urlaube auf der Insel verbracht. Auch Städtereisen mögen beide. Hamburg finden sie faszinierend. Und darum zeigt sich Rolf noch einmal von seiner normalerweise unbekannten offensiven Seite. „Rolf hat gleich am Anfang vorgeschlagen, dass wir gemeinsam nach Hamburg reisen. Mann, geht der ran, habe ich mir gedacht. Aber dann haben wir es wirklich auch getan. Und ein Jahr später sind wir schon gemeinsam nach Gran Canaria gefahren. Meine bei unserem Kennenlernen noch bestehende, wenn auch kriselnde Beziehung hatte ich übrigens zuvor beendet. Ich war mit meinem damaligen Partner noch einmal nach Gran Canaria geflogen, das hatten wir schon gebucht, bevor das mit Rolf losging. Aber in diesem Urlaub habe ich es ihm dann gesagt. Ich wollte nicht unehrlich sein und wir wussten beide eigentlich auch, dass unsere Beziehung im Prinzip schon länger am Ende war."

Für Beni und Rolf beginnt eine neue Liebe und Beziehung. Zuerst einmal wohnen beide noch getrennt. Beni in Basel und Rolf in einer schönen Wohnung in Schopfheim, in die er erst 1997 eingezogen war. Das ist auf Dauer umständlich und zugleich teuer. Und so machen sich beide auf die Suche nach einer neuen, einer gemeinsamen Wohnung. Die finden sie schließlich in Inzlingen, einem kleinen nahe der schweizerischen Grenze gelegenen Ort in Baden-Württemberg.

Abbildung 2-1: Reise nach Hamburg

„Unsere Traumwohnung", beteuern beide. „Groß, hell, ruhig und im Grünen. Was wollen wir mehr!"

Sechs Jahre später geben sie ihrer Beziehung einen neuen Rahmen. ‚Eingetragene Partnerschaft' heißt das Konstrukt, das damals gleichgeschlechtlichen Paaren die Möglichkeit gab, ihrer Verbindung einen rechtlichen Rahmen zu geben. Neun Jahre später können Beni und Rolf diese Verpartnerung dann in eine offizielle Ehe umwandeln. Irgendwann muss der Gesetzgeber eben das Recht sich wandelnden gesellschaftlichen Vorstellungen und Normen anpassen. Und so sind Beni und Rolf seit 2017 ein Ehepaar, das sich versprochen hat, gemeinsam durch helle und durch dunkle Tage zu gehen – bis dass der Tod sie scheide. Damals können die beiden nicht ahnen, dass dieses Versprechen schon bald einem Härtetest unterzogen werden sollte. Denn das Jahr 2017 hält für das Ehepaar eine neue und große Herausforderung bereit.

3.
Die Herausforderung beginnt – Wenn beim Kopfrechnen das Gehirn plötzlich streikt

Jeder Krise kann man nur mit absoluter Ehrlichkeit entgegentreten.
(Franz Schmidberger)

Irgendwann ist für Beni alles schwieriger geworden. Nicht nur für ihn, auch für die große Schuhhandelsfirma, bei der er nach wie vor als Filialleiter tätig ist. Neue Computersysteme und eine neue Software halten Einzug in den Verkaufsalltag. Seinen Beruf liebt er nach wie vor. Und nach wie vor gilt Benis Bestreben dem Wunsch, jeder Kundin und jedem Kunden den Schuh zu verkaufen, der haargenau zu dieser Person passt. Aber Computer und Beni, das will eher nicht so recht zusammenpassen. „Ich bin noch nie ein Computerfreund gewesen. Ich habe einfach keine Beziehung zu diesen Apparaten. Das war bis dahin auch kein Problem gewesen. Aber damals, das muss so um 2015 oder 2016 gewesen sein, ist ein Problem daraus für mich entstanden. Die Neuerungen in unserem Laden haben mich ins Schlingern gebracht."

Rolf beobachtet das mit zunehmender Sorge. „Wir haben in unserer Branche ja immer schon lange Arbeitszeiten gehabt. Aber dass Beni nun oft auch an den Samstagen bis acht oder neun Uhr abends im Betrieb war, weil er jetzt immer viel am Computer nachzuarbeiten hatte, das hat mir gar nicht gefallen."

Beni versucht, sich derweil tapfer zu schlagen. Er scheut sich nicht, Kolleginnen um Nachhilfe zu bitten. Die meisten zeigen ihm auch gern, wie er diese und jene Aufgabe am Computer bewältigen kann. Aber nach zwei oder drei Wochen hat Beni das Gezeigte auch wieder vergessen. Und es sollte noch schlimmer kommen. „Ich war im Rechnen, besonders im Kopfrechnen, immer richtig gut gewesen. Die Buchhaltung im Betrieb, das war gar kein Problem für mich. Und dann stehe ich eines Tages da, will wie in all den Jahren meine Buchhaltungsaufgaben erledigen und stelle plötzlich fest: Ich weiß nicht mehr, wie es geht! Alles weg! Von heute auf morgen! Was für ein schreckliches Gefühl!"

Beni spricht seine Stellvertreterin an. „Kannst du das bitte heute mal für mich übernehmen?" Die springt gerne für ihn ein. Vermutlich denkt sie, dass jeder einmal einen schlechten Tag haben kann. Auch ein paar Tage später, als Beni sie wieder um Hilfe bitten muss, denkt sie das noch, auch wenn sie fragt: „Hast du Alzheimer oder was ist eigentlich los?" Sie fragt es lachend. Ihre Frage soll ein Spaß sein.

Beni mag sich jedoch nicht darauf verlassen, dass alles nur ein harmloses Phänomen ist. „Ich dachte mir: da stimmt doch etwas nicht! Das kann doch nicht sein! Was ist nur los in meinem Kopf?" Er will es genau wissen und begibt sich in ärztliche Behandlung. Über mehrere Wochen lässt er medizinische Untersuchungen über sich ergehen. Rolf unterstützt ihn dabei. Und dann kommt der Tag, an dem ihnen eine Ärztin das Ergebnis mitteilt. „Wir beide haben diesem Moment natürlich mit großem Bangen entgegengesehen", erinnert sich Rolf. „Beni hat die Ärztin voller Sorge gefragt, ob er Alzheimer hat." Doch die Ärztin kann den beiden diese Sorge nehmen, obwohl das, was sie zu verkünden hat, auch nicht ohne Brisanz ist. Bei Beni wurde eine Herzrhythmusstörung festgestellt, die zu einem Schlaganfall führen kann. In einem anderen Zusammenhang hätte diese Ankündigung die beiden wohl in große Aufregung versetzt. Aber weil die ganze Zeit über die Angst vor einer Alzheimerdiagnose im Raum gestanden hatte, waren sie in gewisser Weise sogar erleichtert. Von einer kleinen Veränderung im Gehirn hatte die Ärztin zwar berichtet, aber auf die müsse man jetzt nicht reagieren.

Die Diagnose Herzrhythmusstörung hat für Beni Konsequenzen. „Ich musste dann ein halbes Jahr lang Tabletten einnehmen. Als sich dadurch keine Besserung einstellte, ging es ins Spital. Ich habe dort eine Art Stromstoßtherapie erhalten. Auch wenn das jetzt sicherlich nicht die richtige Bezeichnung für die Behandlung ist, die ich erhalten habe, sie hat doch gewirkt. Am Ende habe ich die Ärzte gefragt, ob ich nun wieder gesund sei. Und die haben geantwortet: ‚Ja, jetzt sind sie wieder gesund!'"

Rolf ist ebenso erleichtert wie Beni. „Für uns war die erfolgreiche Behandlung der Herzrhythmusstörung wichtig. Schließlich drohte ja sogar ein Schlaganfall. Das Thema Demenz, diese seinerzeit kurzzeitig im Raum stehende Befürchtung, das war dann für uns erledigt und wir haben keinen Gedanken mehr daran verschwendet. Und dann herrschte bis 2017 auch erst einmal Ruhe." Die Ruhe sollte aber nicht von Dauer sein. Weder für den Arbeitgeber von Beni noch für ihn selbst. Auch die Einführung neuer Computersoftware und Technik hatte den Betrieb nicht vor einem wirtschaftlichen Niedergang bewahren können. Die Ertragszahlen entwickelten sich immer schlechter, am Ende stand ein Insolvenzverfahren und 2018 wurden alle Filialen in der Schweiz geschlossen. Beni war zwar einer der Letzten, die entlassen wurden, am Ende verlor aber auch er seinen geliebten Arbeitsplatz.

Rolf erinnert sich: „Erst einmal ging es für Beni dennoch einigermaßen glimpflich aus. Der Konzern, der den insolventen Schuhbetrieb übernahm, übernahm gleich auch das Personal und deshalb hatte Beni schnell wieder neue Arbeit."

„Ja, aber das war jetzt nicht mehr im Schuhverkauf. Im Prinzip hatte ich jetzt einen ganz normalen Verkäuferjob und musste Lebensmittel an den Mann bringen. Der Laden hatte täglich von morgens um fünf bis nachts um vierundzwanzig Uhr geöffnet. Für mich Morgenmuffel hieß das, morgens um drei Uhr aufzustehen, weil ich meist in der Frühschicht eingesetzt war. Es gab viel Laufkundschaft, da war schnelles Arbeiten gefordert." Das alles tut Beni nicht gut. Die schon vergessen geglaubten Merkprobleme treten wieder verstärkt auf. Es kommt zu demütigenden Situationen. „Von meiner neuen Chefin wurde ich rundgemacht: ‚Mein Gott, sie vergessen ja alles! Ich habe Ihnen doch nun oft genug erklärt, wo das Brot hingehört. Und Sie waren einmal Filialleiter im Schuheinzelhandel? Kaum zu glauben! Also wirklich, wen hat man mir da nur empfohlen!'"

Beni und Rolf leiden unter der Situation. Und dann kommt die jährliche Umstellung von Winter- auf Sommerzeit. „Ich wollte meine Uhr umstellen, aber ich wusste in dem Moment überhaupt nicht mehr, wie das geht. Rolf und ich haben nicht nur eine Uhr, wir haben da einen kleinen Tick. Meine Uhr und die anderen habe ich immer umgestellt. Und nun hatte ich keine Vorstellung mehr davon, wie ich das bewerkstelligen sollte. Rolf habe ich erst einmal nichts davon gesagt. Aber mir war klar, dass ich etwas unternehmen musste." Natürlich entgehen dem Partner solche Situationen nicht. Aber Rolf misst dem Ganzen keine große Bedeutung bei. „Ich habe Beni zu beruhigen versucht und gesagt, dass mir so etwas auch passieren könnte, wenn ich jeden Morgen um drei Uhr aus den Federn müsste. Und eigentlich haben wir, wie viele andere auch, jedes Jahr aufs Neue erst einmal überlegen müssen, wie so eine Umstellung vonstattengeht. Muss man nun die Uhr eine Stunde vorstellen oder gehts in die umgekehrte Richtung? Nein, dafür, dass sich da etwas in Richtung auf eine Demenz entwickelte, war ich damals völlig blind." Meistens sind es ja nahestehende Personen, die ungewohnte Fehlleistungen oder verwirrende Vorkommnisse bemerken und die beobachtete Person daraufhin drängen, der Sache nachzugehen. Und sehr oft sind die Menschen, denen diese Widrigkeiten unterlaufen, gar nicht davon begeistert, sich nun medizinischen oder neuropsychologischen Untersuchungen zu unterziehen. Bei Beni und Rolf ist das anders. „Beni war auch jetzt wieder derjenige, der sich nicht mit gutgemeinten, aber allzu einfachen Erklärungen für das, was ihm widerfuhr, abgeben wollte. Also ist er zum Arzt gegangen."

„Ja, mir war klar, dass bei mir etwas nicht stimmte. Das habe ich auch meinem Arzt so gesagt. Der meinte, er würde jeden anderen in meinem Alter, der ihm etwas von einer Demenz erzählt, wieder nach Hause schicken. Bei dem Wort Demenz denkt ja jeder erst mal an ganz alte Menschen. Aber weil er mich seit mehr als zwanzig Jahren kannte, hat er das ernst genommen und mich in so eine Röhre geschickt. Und was er dort gesehen hat, fand er alarmierend. Jedenfalls hat er mich sofort zur näheren Untersuchung ins Spital überwiesen." Bis zur Aufnahme dauert es noch einige Wochen, aber dann ist es soweit und Beni wird im Basler Universitätsspital von oben bis unten durchgecheckt.

Nun kommt Beni und Rolf auch wieder die klinische Untersuchung einige Jahre zuvor ins Gedächtnis, die mit der Feststellung der Herzrhythmusstörungen endete. Rolf betrachtet diese rückblickend kritisch. „Da waren wir ja in der Memory-Klinik. Eine Ärztin hat mit mir damals einen Fragebogen bearbeitet, um abzuklären, ob im vorliegenden Fall Demenz überhaupt in Frage käme. Da muss ich aus heutiger Sicht einmal Kritik anbringen. Da werden einem dann solche Fragen gestellt wie die, ob Beni denn nachts unruhig schlafe und um sich schlage. Oder ob er Halluzinationen habe. Das mögen ja Anzeichen für eine Demenz sein, aber vielleicht nicht für jemanden, bei dem das gerade erst anfängt. Ich habe mich jedenfalls nur gefragt: Was soll das alles hier eigentlich? Was werden denn hier für Fragen gestellt? Ich habe dann auch geantwortet: Natürlich schlägt er nachts nicht um sich. Natürlich hat er keine Halluzinationen. Das stimmte ja auch so. Vielleicht müsste man einmal solche Fragebögen überarbeiten. Oder die Ärztin hätte sagen können: Passen Sie auf! Es deuten sich bei ihrem Partner keine Veränderungen im Gehirn an, die auf eine demenzielle Entwicklung hinweisen. Aber man muss das einmal beobachten und in einem halben Jahr eine neue Untersuchung durchführen. Aber uns wurde gesagt: Da ist nichts, machen Sie sich keine Sorgen. Nun ja. Vielleicht haben sich die Ärzte auch nur gesagt: Die beiden werden sich noch früh genug mit dem Thema Demenz auseinandersetzen müssen, lassen wir sie erst einmal in Ruhe. Die haben ja noch ein oder zwei Jahre Zeit."

Doch jetzt befinden sich Beni und Rolf an einem anderen Punkt der Entwicklung, die ihr weiteres Leben prägen und sie beide vor eine große Herausforderung stellen wird. Nach einem fast vierzehntägigen Aufenthalt im Spital und aufwändigen Untersuchungen stehen die Entlassung und die Mitteilung der Untersuchungsergebnisse an. Rolf trifft am Tag vor Benis Entlassung den Stationsarzt auf dem Gang. „Ah, Sie sind der Ehemann. Wir werden uns ja morgen zur Entlassung ihres Partners sehen. Dann werden wir uns auch über die Diagnose unterhalten. Wir müssen mal schauen, was für einen Namen wir dem Kind geben."

Rolf ist verwirrt. Er erwartet am Ende der klinischen Untersuchung eine klare Aussage der Mediziner. Was bedeutet da der Satz, man werde dann mal schauen, wie man das Kind nennt? Heißt das, dass die Ärzte gar nicht wissen, womit sie es zu tun haben und die Einordnung mehr oder weniger zufällig ist? Dass eine Diagnose sich gar nicht groß von einem Würfelspiel unterscheidet? „Das hat mich damals wirklich verunsichert. Eigentlich weiß ich auch heute noch nicht, wie ich das einordnen soll. Sicher, mir ist bewusst, dass eine Diagnosestellung schwierig ist. Und dennoch! Vielleicht hat der Arzt damals auch nur versucht, die Atmosphäre ein wenig zu lockern. Aber gefallen hat mir das ganz und gar nicht."

Basel an einem Tag im Mai. Draußen scheint die Sonne, als Rolf gegen acht Uhr die Wohnung verlässt und in sein Auto steigt. Heute wird er Beni im Spital abholen. Und es wird endlich ein Gespräch mit dem zuständigen Arzt geben, bei dem die beiden erfahren werden, was mit Beni los ist. Rolf ist aufgeregt. Beni wird sicherlich auch schon ganz unruhig sein, denkt er, als er nach einer knapp dreißigminütigen Fahrt die Klinik erreicht und sein Auto auf dem Besucherparkplatz abstellt. Die junge Frau an der Rezeption winkt ihm freundlich zu. Sie kennt ihn schon, schließlich hat er tagtäglich seinen Ehemann besucht. Im vierten Stock erwartet ihn Beni schon in der Nähe des Fahrstuhls. „Wir sollen in mein Zimmer gehen", berichtet er Rolf. „Der Arzt wird dort gleich vorbeikommen und mit uns sprechen." In dem Zimmer, in dem Beni fast vierzehn Tage verbracht hat, grüßt Rolf dessen zwei Mitbewohner, beides ältere Herren. Die Ehefrauen sind gerade zu Besuch. Der Raum ist von leisem Gemurmel erfüllt. Schließlich tritt der Stationsarzt ins Zimmer. Die Aufregung bei Beni und Rolf steigt. Der Arzt macht auf die beiden den Eindruck, als ob er sehr bemüht sei, um den heißen Brei herumzureden. Beni wird ungeduldig und fragt direkt: „Nun sagen Sie einmal: Habe ich Alzheimer oder was ist mit mir los?" Der Arzt lehnt sich überrascht zurück. „Nein, da kann ich Sie beruhigen. Alzheimer haben Sie nicht. Wie heißt das noch, was Sie haben? Ich muss mal kurz nachschauen." Er blättert in seinen Unterlagen und nickt. „Sie haben eine ... äh, eine Levin-Body-Demenz. Das ist eine abgeschwächte Form von Demenz. Das kommt wohl recht selten vor, ich habe auch noch nicht viel darüber gehört. Machen Sie sich da also nicht so viele Gedanken."

Wenn Beni heute über dieses Gespräch berichtet, kann er seine Aufregung nicht verbergen. Die Worte wollen ihm nicht so über die Lippen kommen, wie er es gerne möchte. Immer wieder wirft er Rolf einen um Hilfe suchenden Blick zu.

„Das war doch nicht in Ordnung! Man kann so was doch nicht in einem Raum besprechen, wo noch andere Leute sind, die zuhören. Da waren ja noch die beiden Zimmernachbarn und ihre Ehefrauen. Die haben doch alles mitangehört, was wir besprochen haben." Auch Rolf hat das damalige Aufklärungsgespräch gut im Gedächtnis behalten und übt Kritik. „Ja, so etwas geht wirklich nicht. Von wegen Datenschutz und dergleichen! Sicher, wir haben damals nicht reagiert, haben nichts gesagt. Wir waren viel zu aufgeregt, waren ja gespannt, was uns der Arzt mitteilen würde. Und dann konnte der Arzt nicht einmal den Namen der Diagnose richtig aussprechen. Bei ihm klang das so ähnlich wie Levin-Body statt Lewy-Body."

Beni hat damals sogar einen Brief an das Spital geschrieben. „Damals konnte ich ja noch schreiben. Eine Antwort habe ich jedoch niemals erhalten." Nicht nur das Wie, sondern auch das Was, das ihnen der Stationsarzt an diesem Tag verkündete, ärgert die beiden Männer. „War vielleicht gut gemeint, ich weiß nicht, wie die Ärzteschaft so allgemein reagiert. Von Krebs-Diagnosen kriegt man es ja auch immer mit, dass nicht immer sofort die Wahrheit gesagt wird. Für uns war es nicht hilfreich. Du rechnest bei so einem Gespräch mit dem Schlimmsten, kommst mit einem sehr schlechten, ungewissen Gefühl hinein und gehst wieder raus nach dem Motto: ‚Der Kelch ist ja noch mal an dir vorüber gegangen, ist ja alles nicht so schlimm! Gottseidank!'"

Mit dem Begriff Lewy-Body-Demenz können Beni und Rolf nichts anfangen. Erklärt wird er ihnen auch nicht richtig. Stattdessen heißt es, das sei alles nur halb so schlimm und sie sollten sich nicht zu viele Gedanken machen. Diese Verharmlosung empfinden beide mit dem Wissen, das sie sich später zwangsläufig aneignen werden, als nicht hilfreich (s. Anmerkung S. 13).

Doch zuerst scheint der Tag gerettet zu sein, wie Rolf im Rückblick resümiert. „Wichtig war für uns beide damals erst einmal nur: Es ist nicht so schlimm! Es ist nicht Alzheimer! Denn das war für uns ein Schreckgespenst, vor dem wir uns fürchteten. Aber nun hatten wir ja erfahren, dass Beni nur eine abgeschwächte Form hat. Damit können wir doch gut leben, haben wir gedacht. So ungefähr, als würde dir jemand sagen, der Tumor ist nicht bösartig, der ist gutartig. Mit dem Gefühl sind wir dann auch nach Hause und haben eigentlich einen schönen Tag gehabt. Das war Benis Geburtstag und wir sind irgendwie noch durch die Stadt gelaufen, haben Eis gegessen, ein bisschen am Rhein gesessen und waren eigentlich ganz guter Dinge."

Doch das sollte sich schon bald ändern. Ein paar Tage später liest Rolf den medizinischen Bericht, den der Hausarzt aus dem Spital erhalten hat. Als er hier wieder auf die Bezeichnung Lewy-Body-Demenz stößt, beschließt er, sich im Internet darüber zu informieren. „Und das war eine ganz schlimme Erfahrung. Du liest dann plötzlich, dass die Lewy-Body-Demenz die zweit- oder dritthäufigste Form einer Demenz und im Prinzip das Gleiche wie Alzheimer ist, nur mit etwas anderen Symptomen zu Beginn und so weiter. Und im zweiten Satz liest du, dass die Lebenserwartung der betroffenen Person acht bis zehn Jahre beträgt und alles mit einem Erstickungstod enden kann. Da geht es dir in dem Moment natürlich nicht gut. Da bist du natürlich völlig geschockt und niedergeschlagen. Denn damit hast du nicht gerechnet. Der Arzt hat dir das ja ein bisschen anders erzählt."

Für Rolf beginnen schwere Tage. Was er im Internet recherchiert hat, das soll Beni auf keinen Fall erfahren. Rolf möchte seinen Partner schützen, ihn weiterhin in dem Glauben lassen, alles sei nur halb so schlimm, man sei noch einmal mit einem blauen Auge davongekommen. In dieser Zeit fühlt er sich wie der einsamste Mensch auf der Welt. Mit anderen darüber zu sprechen traut er sich nicht, aus Angst, Beni könnte das über einen Umweg erfahren. Was er nicht ahnt: Beni geht es genauso wie ihm. Auch er hat sich mittlerweile kundig gemacht, was sich hinter dem Begriff Lewy-Body-Demenz verbirgt. Und auch er ist auf Informationen gestoßen, die ihn verstören und in ein emotionales Chaos stürzen. Aber auch er spricht nicht darüber, will seinen Ehemann schützen. Der Gedanke an Suizid taucht in seinem Kopf auf. „Ich habe gedacht, ich nehme jetzt das Auto und fahre gegen eine Wand. Das wäre es dann gewesen. Aber noch mächtiger als dieser Gedanke war dann ein anderer. Mir ist klar geworden, dass ich das nicht tun kann, dass ich das Rolf nicht antun kann. Wie hätte er denn mit so etwas leben und klarkommen sollen?" Beide Partner lieben sich und verschweigen aus dieser Liebe und einem Schutzgedanken heraus dem anderen, was sie aufwühlt und verzweifeln lässt.

Eine Zeit lang geht das gut, aber letztendlich ist eine solche Situation nicht auf Dauer aufrechtzuerhalten. „Und dann kam irgendwann heraus, dass wir beide Bescheid wussten und krampfhaft ein Tabu aufgebaut hatten. Wir haben uns heulend in den Armen gelegen und alles rausgelassen, was sich in uns emotional angestaut hatte." Die beiden überlegen, ihren anstehenden und heiß geliebten Gran-Canaria-Urlaub abzusagen. Sie entscheiden sich dann jedoch anders. Und sie bereuen es nicht.

„Natürlich war dieser Urlaub anders als alle davor. In diesem Urlaub hing das Thema Demenz die ganze Zeit wie ein Damoklesschwert über unseren Köpfen. Am Strand liegen, schwimmen gehen, Ausflüge machen: Das war nun für uns nicht ganz so wichtig. Wir haben viele sehr tiefgehende Gespräche miteinander geführt und das als sehr befreiend nach den Tagen und Wochen des gegenseitigen Verschweigens empfunden." Als der Flieger nach einer Woche auf Gran Canaria mit Beni und Rolf an Bord in Richtung Deutschland abhebt, hat für beide ein neuer Lebensabschnitt begonnen. Die Demenzdiagnose hat für die Rückkehrer einen anderen Charakter gewonnen. Sie ist nicht mehr apokalyptisches Endzeitszenario, sondern eine Herausforderung, der sich das Paar stellen will.

Abbildung 3-1: Urlaub in Gran Canaria

4.
Der Krampf mit der Hose – Von Erfolgen und Niederlagen im Alltag

Jede Lösung eines Problems ist ein neues Problem.
(Johann Wolfgang von Goethe)

„Scheiße noch mal!" Im selben Moment, in dem Beni diesen Fluch ausstößt, bedauert er ihn schon. Es bleibt ja nicht bei nur einem Fluch. Und die Nachbarin könnte es zudem auch hören. Das bestreitet sie zwar immer, doch glauben Beni und Rolf, dass diese Behauptung nur ihrer großen Freundlichkeit geschuldet ist. Aber es ist doch wirklich auch zum Fluchen! Zum Verzweifeln! Seit gefühlten Ewigkeiten versucht Beni an diesem Morgen, sich einen Pullover anzuziehen. Doch das will und will einfach nicht klappen. Hätte er doch nur das Sweatshirt angelassen, bei dem Rolf ihm in der Frühe geholfen hat, es überzuziehen. Was nun? Beni möchte an diesem herbstlichen Tag gerne die Wohnung verlassen, zu seinem kleinen Lädeli im Ort laufen und ein paar Kleinigkeiten einkaufen, die fürs Abendessen gebraucht werden. Aber wie soll das gehen, wenn er nicht einmal einen Pullover anhat? Von einer Jacke oder einem Mantel ganz zu schweigen. „Scheiße noch mal!"

Alltag, das bedeutet für Rolf in normalen Zeiten, also dann, wenn es keine Kurzarbeit und keinen Corona-Lockdown gibt, um sechs Uhr aufzustehen und um acht Uhr das Haus zu verlassen. Vor neunzehn Uhr wird er nicht wieder zuhause sein, an Tagen mit Abendverkauf in seinem Betrieb sogar noch später. „Bevor ich zur Arbeit gehe, machen wir uns parat. Beni steht dann meistens eine halbe Stunde nach mir auf, sodass wir es eigentlich noch hinkriegen, dass ich Beni zumindest beim Anziehen noch behilflich sein kann. Das hat sich bei ihm in letzter Zeit sehr verändert, das Anziehen, die Motorik."

„Viele Dinge funktionieren nicht mehr richtig. Manchmal habe ich den Pulli oder auch die Hose verkehrt herum an. Überhaupt dauert es ewig, bis ich ein Kleidungsstück anhabe. Zuknöpfen geht gar nicht. Das ist schon beschwerlich", sagt Beni. Sich nicht mehr alleine anziehen können: Das ist eins der Dinge, die Beni am meisten bedrücken. „Das selbständige Anziehen, das ist für mich eine der wichtigsten Fähigkeiten, die ich vermisse. Ich kann keinen Gürtel mehr alleine in die Hose einziehen. Mit Reißverschlüssen komme ich gar nicht mehr klar. Rolf legt mir die Kleidung morgens immer so hin, dass ich möglichst problemlos hineinschlüpfen kann. So funktioniert es einigermaßen, sonst könnte ich mich überhaupt nicht mehr anziehen. Das macht mich traurig. Ich habe in meinem Leben so viel gearbeitet, Meetings organisiert und Leute gefördert – und jetzt kann ich mich nicht mal mehr ganz allein ankleiden."

Die eingeschränkten motorischen Fähigkeiten führen zu Einschränkungen bei vielen Dingen, die im Alltag zu tun sind. Auch bei solchen, die Beni wirklich Spaß machen. „Gestern war ich wieder einmal in Lörrach, nur mal schauen, vielleicht ein wenig shoppen. Ich habe auch einige Kleidungsstücke gesehen, die mir gefallen haben. Vielleicht hätte ich sie gerne gekauft. Aber dann habe ich mir wieder gedacht: Wenn ich die jetzt anprobieren will, muss ich die Jacke ausziehen. Und wenn ich dann an das Theater hinterher denke, wieder anziehen und irgendwie zubekommen, nee Danke! Wenn ich eine Hose testen will, dann geht locker mal eine halbe Stunde dafür drauf. Und ob ich sie überhaupt richtig anbekomme, das steht in den Sternen. Also lasse ich es. Schade, denn ich gehe eigentlich gerne shoppen."

Rolf nickt bei diesen Worten. „Der Verlust der Selbständigkeit, das macht dir zu schaffen. Und ein T-Shirt oder einen Pullover anzuziehen, das bedeutet für dich richtig Stress! Wir haben es jetzt so organisiert, dass wir zweimal in der Woche jemanden von der Sozialstation kommen lassen. Das ist immer mittwochs und freitags, denn das sind die Tage, wo ich sehr früh aus dem Haus muss. Dann gönne ich es Benni, etwas länger schlafen zu können. Beni steht dann auf und etwas später kommt die Mitarbeiterin der Sozialstation. Bei der Körperpflege, der täglichen Dusche, braucht Beni keine Hilfe. Das kann er noch ganz selbständig. Aber wie schon gesagt: Das Anziehen, das will eben nicht klappen."

Die Motorik ist bei Beni stark verändert und eingeschränkt. „Meine Erkrankung macht mir irgendwie die Muskeln kaputt. Ganz oft fangen die Beine an zu schmerzen und ich habe Krämpfe."

Beni hat jedoch eine Methode gefunden, damit umzugehen. Immer, wenn er merkt, dass die Beine schmerzen und er nicht mehr stehen kann, dreht er Runden im Zimmer. Auch in der Nacht, wenn er nicht schlafen kann oder von den Schmerzen aufwacht. Danach geht es erst einmal wieder eine Zeit lang.

Auch das Sprechen wird immer schwieriger. Zwar kann sich Beni noch recht gut mit anderen Menschen unterhalten, aber immer öfter sucht er nach dem richtigen Begriff, für das, was er sagen möchte. Er umschreibt es und ärgert sich, wenn er es nicht so ausdrücken kann, dass sein Gegenüber es versteht. Gerade in solchen Momenten erweist sich Rolf als einfühlsam unterstützender Partner, der seinem Mann aufmerksam lauscht, nachdenkt, vorsichtig Angebote macht und in den meisten Fällen auch den Begriff trifft, den Beni gesucht hat.

Ein schöner Herbsttag in Basel. Beni hat sich am frühen Nachmittag mit der Bahn dorthin aufgemacht, um ein wenig zu bummeln, Geschäfte zu schauen, vielleicht ein Eis zu essen. Basel kennt er bestens, schließlich hat er hier jahrelang gelebt und gearbeitet und ist auch heute noch oft an den Wochenenden dort, meistens gemeinsam mit Rolf. Beide lieben die mittelalterliche Stadt, die nur wenige Kilometer von ihrem Wohnort auf der deutschen Seite der Grenze entfernt ist. Beni macht der kleine Ausflug an diesem Tag Freude. Aber irgendwann wird es dunkel. Es ist Herbst! Beni hat nicht mit der früh einbrechenden Dunkelheit gerechnet. Die Stadt erscheint ihm auf einmal mit Menschen überlaufen, er kennt sich nicht mehr genau aus. Wie spät mag es sein? Schon spät abends? Beni, der Uhrenliebhaber, kann die Uhr nicht mehr lesen. Langsam steigt Panik in ihm auf. Wie soll er jetzt nach Hause kommen? Zum Glück hat er sein Handy dabei und kann Rolf auf dessen Arbeitsstelle anrufen. „Wo steckst du denn?", will der wissen. Beni versteht Rolf nicht. Schließlich klappt die Verbindung aber doch besser und Beni kündigt an, mit der Bahn zurück nach Lörrach zu fahren. Er steigt in eine Bahn ein, leider ist es die falsche.
Als er an der Endhaltestelle aussteigt, meldet sich Rolf wieder über Handy. Natürlich hat er sich Sorgen gemacht. Damit nicht noch mehr Verwirrung entsteht, wird er Beni mit dem Auto an seinem jetzigen Standort abholen. „Wie spät ist es denn eigentlich?", will Beni wissen. Es ist halb sieben. „Und ich habe gedacht, es wäre schon nach zweiundzwanzig Uhr", murmelt Beni erstaunt.

Eigentlich ist eine solche Situation gar nicht typisch für Beni. Denn seine Erkrankung hat zwar die Motorik und die Sprache angegriffen, was dazu führt, dass viele Dinge im Alltag schwerer oder unmöglich geworden sind. Doch sein Gedächtnis und seine Orientierung funktionieren noch sehr gut. Zumindest dann, wenn nicht etwas Überraschendes wie die plötzlich einsetzende Dunkelheit bei dem kleinen Ausflug nach Basel eintritt. „Beni hat eine viel bessere Orientierung als ich. Ganz oft, wenn wir in einer Stadt oder bei einem längeren Spaziergang draußen sind, weiß ich nicht mehr, wo es langgeht oder welchen Weg zurück wir nehmen müssen. Doch Beni weiß das in der Regel ganz genau und behält mit seinen Ansagen fast immer Recht. Er führt dann mich und nicht ich ihn."

Wenn man bei dem Wort Demenz, Beni hat ja eine offizielle Demenzdiagnose, sofort an größere Gedächtnisprobleme denkt, wird man sich im Kontakt mit ihm verwundert die Augen reiben. Erlebnisse aus der näheren oder ferneren Vergangenheit kann er immer gut erinnern und berichten. Und auch, was Thema eines Gesprächs eine halbe Stunde zuvor war, ist ihm noch präsent. Nein, Gedächtnisprobleme und Orientierungsschwierigkeiten sind es eher nicht, die sein Leben schwierig machen.

Abbildung 4-1: In Basel am Rhein

Seine größte Stärke ist seine Mobilität. Die eingeschränkte Feinmotorik führt zu Problemen beim Anziehen einer Jacke oder beim Transportieren von Tellern und Tassen. Doch laufen, die Wohnung verlassen, spazieren gehen oder mit Bus und Bahn nach Basel zum Shoppen fahren, das geht allemal. „Das ist einfach wunderschön, dass ich rausgehen kann, nicht an die Wohnung gebunden bin!" Beni macht mehrmals in der Woche kleinere Besorgungen im Lädeli, dem Inzlinger Landmarkt, oder der Apotheke im Ort. Aber immer wieder ist er auch alleine nach Basel unterwegs, um dort den Passanten in der Altstadt zuzuschauen, jemanden zu treffen oder einen Donut zu genießen. Darüber sind beide Ehepartner froh. Denn den ganzen Tag über in der Wohnung zu verbringen, das halten beide für keine besonders gute Idee. Was jedoch nicht heißt, dass Beni nicht auch viel Zeit in der Wohnung verbringt. „Am Tag fernsehen, das mag ich nicht. Abends schauen Rolf und ich natürlich auch gerne mal was gemeinsam, aber sonst brauche ich das nicht. Und aufs Lesen habe ich nicht so große Lust!" Hier widerspricht Rolf sanft. „Es geht schon noch, aber die Konzentration, in einem Buch drei oder vier Seiten zu lesen, ist nicht mehr da. Du sagst, dass du dazu keine Lust hast! Aber ich denke, es ist eine Sache fehlender Konzentration. Und es ist abzusehen, dass das Lesen irgendwann gar nicht mehr klappen wird. Bücher liest du jetzt nicht mehr, aber in der Apotheken-Umschau und dergleichen schnupperst du ja schon noch."

Und was tut Beni, wenn er alleine in der Wohnung ist? „Nachdenken! Über dieses und jenes. Das mache ich gerne vom Sessel aus. Oder ich schaue nach meinen Pflanzen auf unserem Balkon. Und einmal in der Woche mache ich einen Telefontag. Dann rufe ich Freunde an und quatsche mit ihnen stundenlang. Oder ich trinke mit Renate, der Nachbarin unter uns, einen Kaffee."

Nicht das Nachdenken im Sessel, aber andere Dinge werden morgens zwischen den beiden besprochen und geplant. Rolf schreibt dann beispielsweise auf, was fürs Abendessen gebraucht wird und Beni macht sich im Laufe des Tages auf, es im Lädeli zu besorgen.

„Was ich lernen musste," sagt Rolf, „ist, dass Beni nicht überfordert werden darf. Was den Tagesablauf angeht, gibt es immer pro Tag ein Schwerpunktthema. Das wird in Angriff genommen. Wenn ich gesagt habe: Wenn du mit dem Einkaufen fertig bist, dann könntest du noch die Wäsche waschen, oder denk daran, dies und das und jenes zu machen – das funktioniert nicht mehr so. Es gibt *ein* großes Vorhaben, wir nennen es Thema, pro Tag, das in den Kalender in der Küche eingetragen wird. Wenn dann dort steht: heute um vierzehn Uhr Arztbesuch, dann ist das das Thema des Tages."

„Ich bin dann gut damit beschäftigt, mich darauf vorzubereiten. Also: zeitiges Aufstehen, zeitiges Duschen, lieber einige Zeit vor dem Termin schon in der Stadt

Abbildung 4-2: Thema des Tages

sein, den Arztbesuch hinter mich bringen und dann wieder ab nach Hause. Das ist dann genug für den Tag. Mehr brauche ich dann nicht. So sind die Tage eigentlich durchstrukturiert mit Themen. Nur an einem Tag in der Woche habe ich so etwas wie einen Ruhetag. Dann reichen auch Sesselsitzen, Blumen gießen oder doch mal kurz in der Zeitung blättern.“ So scheint Benis Alltag gut organisiert zu sein. Auf Rolf kommen neben einem anspruchsvollen Vollzeitberuf eine Reihe von Aufgaben zu. Mit der Planung der Tagesaktivitäten von Beni ist es nicht getan. Wenn er abends nach einem langen Arbeitstag in die gemeinsame Wohnung zurückkehrt, ist noch manches zu erledigen. „Wenn ich abends heimkomme, ist es natürlich nicht mehr so wie früher. Damals sind Beni und ich meistens gleichzeitig irgendwann zwischen halb sieben und sieben nach Hause gekommen. Heute ist das nicht so. Zu Beginn der Krankheit, als Beni nicht mehr arbeitete, war es so, dass er den Haushalt mehr oder weniger geschmissen hat. Wenn ich abends nach Hause kam, dann war vieles gemacht, von der Wäsche bis übers Putzen und mehr. Das ist heute anders. Beni hat oft schon den Salat vorbereitet, doch kochen muss ich. Und vorher muss ich in der Regel noch einmal durch die Wohnung, um klar Schiff zu machen. Ich gebe zu, dass es mir manchmal schwerfällt, nicht zu meckern: Warum sieht’s hier so aus? Warum ist die Wäsche eigentlich nicht in der Waschmaschine? Du hättest doch den ganzen Tag dafür Zeit gehabt. Und warum liegen vier oder fünf Hosen auf dem Bett? Ich weiß ja, warum das so ist. Und dennoch kommen manchmal solche Gedanken oder Äußerungen."

„Ich weiß, was Rolf alles für mich tut, und dafür bin ich ihm auch unendlich dankbar. Ich würde ihn ja gerne stärker entlasten, aber es geht meistens nicht. Und dennoch macht mir das natürlich oft ein schlechtes Gewissen." Beni und Rolf verschweigen nicht voreinander, was in ihnen vorgeht. „Das Gute an Beni ist, dass er Hilfe gut annehmen kann", meint Rolf. „Sonst wäre alles sicherlich viel schwieriger. Ich bewundere sogar an ihm, wie selbstverständlich er manchmal um Unterstützung bei einigen Dingen bittet, statt es sich aus falsch verstandener Scham schwerer zu machen, als es sein muss. Das hilft uns beiden."

„Wenn ich meinen Gürtel nicht in die Hose bekomme oder die Jacke zum Ausgehen nicht schließen kann, dann klingele ich eben bei Renate, unserer älteren Nachbarin. Die hilft mir gerne und wir nutzen das meistens auch noch für einen kleinen Schwatz oder einen Kaffee."

„Du genierst dich aber auch nicht, Fremde um Hilfe zu fragen."

„Ja, zum Beispiel letztens in Lörrach. Da musste ich im Kaufhaus auf die Toilette und dann habe ich natürlich meine Jacke nicht mehr zubekommen. Und das mitten im Winter! Also bin ich zur Verkäuferin hin und habe ihr gesagt, dass ich eine Demenz habe und das einfach nicht alleine hinbekomme. Die hat mir natürlich sofort geholfen und wir sind noch in ein Gespräch über das Thema Demenz gekommen. Auch dass jetzt zweimal in der Woche jemand von der Sozialstation kommt, um mich ein wenig zu unterstützen, ist für mich in Ordnung. Warum sollte ich mich da komisch anstellen? So wie es ist, ist es nun einmal. Wenn ich mein Leben weiterhin möglichst selbständig führen möchte, dann brauche ich eben hier und dort etwas Unterstützung. Und von Rolf kann ich Unterstützung ohnehin annehmen, auch wenn ich manchmal ein schlechtes Gewissen spüre. Rolf ist mein Mann. Und er weiß, dass ich umgekehrt auch für ihn alles tun würde." Ein zentraler Pfeiler der Beziehung von Rolf und Beni scheint die Liebe und der Glaube an das Versprechen zu sein: In guten wie in schlechten Zeiten!

5.
Füreinander da sein –
Wie sich die Beziehung verändert

Die Zweisamkeit ist ein Miteinander,
in dem das Füreinander im Vordergrund steht.
(Monika Kühn-Görg)

An diesem Abend, eigentlich ein Abend wie immer, ist Beni traurig. Er hat am Vormittag vergeblich versucht, die Wohnung ein wenig aufzuräumen. Leider hat er eher das Gegenteil bewirkt. In der Küche stapelt sich Geschirr und im Schlafzimmer liegen vier Hosen auf dem Boden herum. Sie anzuziehen ist Beni nicht gelungen. Und den Salat, den er eigentlich schon für das Abendessen vorbereiten wollte, hat er schlichtweg vergessen. Beni sieht, dass Rolf bemüht ist, keinen Unmut darüber zu zeigen, als er spät aus dem Geschäft nach Hause kommt. Aber er weiß, dass Rolf sich auf einen schönen Abend gefreut hat und nun erst einmal klar Schiff in der Wohnung machen muss. „Du, Rolf", fragt Beni ihn. „Wäre es für dich nicht doch besser, wenn wir uns scheiden ließen? Dann hättest du ein Problem weniger!" Rolf schaut ihn entgeistert an.

„Ich war total entsetzt“, erinnert sich Rolf. „An so etwas habe ich weder damals noch sonst irgendwann auch nur einen Gedanken verschwendet. Bis dass der Tod euch scheidet: Das haben wir uns versprochen und das gilt.“ Fast zweieinhalb Jahrzehnte sind die beiden zusammen. Eine Beziehungsdauer, die nicht selbstverständlich ist. Wer die beiden miteinander erlebt, spürt die Zuneigung und Vertrautheit, die zwischen ihnen herrscht.

Die Beziehung bedeutet beiden viel. „Das bedeutet mir in meinem Leben alles. Dass man füreinander da ist. Sich stützt. Zueinander hält und nicht streitet. Jedenfalls nicht dauernd“, fasst Beni es für sich zusammen. Natürlich ist ihm klar, dass eine Erkrankung wie seine Auswirkungen auf die Partnerschaft hat. „Rolf muss jetzt ja ganz viele Sachen machen, die ich nicht mehr so hinbekomme. Das tut mir auch leid und ich habe manchmal ein schlechtes Gewissen. Aber er macht das so toll, ich bin ihm so dankbar, ich könnte keinen besseren Partner und Mann haben als ihn.“

„Das ist so in Ordnung“, meint Rolf. „Natürlich haben wir ab und an Reibereien. Die haben dann meistens mit meiner Ungeduld zu tun. Ich reagiere manchmal ein wenig ungerecht, wenn bei Beni etwas nicht klappt. Ich weiß, dass das nicht gut ist, aber manchmal passiert das eben. Das ist halt so. Ich würde jedem, der eine schwere Erkrankung oder Behinderung hat, wünschen, dass er einen Partner oder eine Partnerin zur Seite stehen hat. Sicherlich braucht es da jetzt mehr Rücksicht und mehr Verständnis als früher. Und es haben sich auch Dinge umgedreht. Ich bin neun Jahre jünger als Beni und war natürlich am Anfang unserer Beziehung in manchen Dingen nicht so erfahren. Beni hat mir, was das tägliche Leben angeht, sehr viele Sachen beigebracht. Und davon profitiere ich heute und kann sie nun, wo Beni manches nicht mehr so gut kann, zurückgeben. Beni war früher ein Ordnungsfanatiker hoch drei. Einen aufgeräumteren Kleiderschrank als bei Beni gab es nirgendwo. Ich war hingegen der Chaot schlechthin. Mir war es völlig egal, wie meine Sachen im Schrank hingen! Heute schaffe ich gemeinsam mit Beni Ordnung in der Wohnung. So, wie er es mir beigebracht hat.“

Beni äußert ein stärkeres Verlangen nach der Nähe des Partners, als das früher vielleicht der Fall gewesen ist. Wenn Rolf von der Arbeit nach Hause kommt, freut er sich. „Ah, schön, dass du wieder da bist! Ich habe dich vermisst!“ Rolf weiß, dass es sich hier um keine Floskel handelt, sondern die Aussage ernst gemeint ist. Oft antwortet er: „Ohje, jetzt muss ich ein schlechtes Gewissen haben, dass ich den ganzen Tag nicht da war!“

„Nein, nein! Brauchst du nicht, ist alles schon okay! Aber es ist immer wieder schön, wenn du da bist.“ Hat das mit der Demenz von Beni zu tun oder ist das ganz normal, wenn der eine arbeitet und lange fort, der andere den größten Teil des Tages zuhause ist? Wie auch immer: Rolf sieht es nicht negativ und interpretiert es auch nicht als Klammern.

Berufene Experten behaupten oft, dass sich die Beziehung schon allein deshalb drastisch ändern müsse, weil sich die Persönlichkeit des Betroffenen als Folge der Beeinträchtigung verändern würde. „Das trifft bei uns gar nicht zu. Beni hat sich überhaupt nicht in seiner Persönlichkeit verändert. Nicht in seinen Stärken und nicht in seinen Marotten und problematischen Seiten. Beni ist immer noch der alte Beni. Und das hilft ihm und mir sehr, mit der schwierigen Situation umzugehen. Also, dass er so eine optimistische Grundhaltung hat, auf andere Menschen zugeht, die Menschen liebt, offen und hilfsbereit ist. Und genau das bekommt er dann von den anderen ja auch wieder zurück. Geblieben sind aber auch seine anderen Charakterzüge: die Nachdenklichkeit, die Emotionalität, die Tiefe." Apropos Tiefe. Mit diesem Wort beschreiben Rolf und Beni die neue Qualität ihrer Beziehung seit der Erkrankung. „Unsere Beziehung ist intensiver geworden, hat noch einmal an Tiefe gewonnen. Gemerkt haben wir das schon bei unserem Gran-Canaria-Urlaub kurz nach der Diagnose. Früher wollten wir im Urlaub immer nur komplett abschalten, am Strand liegen, die Sonne und auch den guten Sangria genießen, den es dort gibt. In jenem Urlaub war es aber anders. Strand und Sonne waren auf einmal nicht mehr so wichtig, wir haben stattdessen viele intensive Gespräche geführt. Der Stellenwert vieler Dinge verändert sich. Wichtig sind uns heute vor allem die Zeit, die wir miteinander verbringen und die Dinge, die wir gemeinsam erleben. Die erleben wir einfach intensiver als früher. Heute unternehmen wir ganz bewusst so viele tolle Sachen, die kann uns keiner mehr nehmen. Wenn man bei einer Krankheit überhaupt von einem Gewinn sprechen kann, dann ist das auf jeden Fall einer." Viele Beziehungen scheitern an der Herausforderung, mit einer gravierenden gesundheitlichen Veränderung eines Partners zurechtzukommen. Beni und Rolf beurteilen ihre Beziehung anders. „Es ist schwer, ohne Frage, aber irgendwie hat uns das nur noch mehr zusammengeschweißt."

6.
Hilfreiches und weniger Hilfreiches – Was einen weiterbringt und was verzichtbar ist

Nicht alles, was gut gemeint ist, tut auch gut.
(Fred Ammon)

Was tun, wenn man in eine Lebenssituation kommt, die von einem auf den anderen Tag alles verändert? Was man als betroffener Mensch und als Partner dann vor allem hat, sind Fragen, Fragen und noch mehr Fragen. Was man dann braucht, sind einfühlsame Personen, qualifizierte Anlaufstellen und zuverlässige Informationsquellen. Rolf erinnert sich: „Wir beide hatten uns bis dahin doch nicht mit dem Thema Demenz beschäftigt! Wenn es um Krebs gegangen wäre oder um Herzinfarkt, was bei uns in der Familie sehr verbreitet ist, da hätte ich mich viel besser ausgekannt als mit dem Thema ‚Alzheimer oder Demenz'. Ich wusste überhaupt nicht, was ich machen sollte."

Beratung

Mit Ärzten hatten die beiden anfangs nicht unbedingt positive Erfahrungen gemacht. Vernünftig aufgeklärt und unterstützt fühlten sie sich jedenfalls nicht von den Medizinern, die seinerzeit im Spital die Herzrhythmusstörungen und später die Lewy-Body-Demenz (s. S. 13) verkündet hatten. Dennoch macht Rolf noch einmal einen Versuch und beschließt, an einem Tag in der Mittagspause ohne Vorankündigung zu dem Hausarzt von Beni nach Basel zu fahren. Von ihm hatten sich die beiden stets gut verstanden gefühlt. Es klappt auch, Rolf bekommt ohne Voranmeldung Gelegenheit, mit dem Arzt über Benis und seine eigene Situation zu sprechen. Und dieses Mal macht er eine bessere Erfahrung als seinerzeit mit den Klinikärzten. Der Hausarzt zeigt Verständnis und weiß, dass in einer Krisensituation, wie sie die beiden Männer gerade durchleben, die Medizin nur recht wenig Unterstützung bieten kann. Er rät Rolf, sich mit dem Basler Wirrgarten in Verbindung zu setzen. Diese gemeinnützige Stiftung bietet Personen mit einer demenziellen Veränderung und ihren Angehörigen neben einer Begegnungs- und Tagesstätte auch Beratung an. „Aber anders, als ich es seinerzeit in der Memory-Klinik Basel erlebt hatte", berichtet Rolf. „Dort war ich auch gefragt worden, ob ich einmal in die Beratungssprechstunde kommen möchte. Na klar wollte ich das nach der Demenzdiagnose! Aber als ich dann dort angerufen habe, im Mai war das, wurde mir ein Termin im September angeboten. Was, bitte schön, nutzt mir in einer akuten Krisensituation ein Termin fast ein halbes Jahr später?"

Mit dem Wirrgarten macht Rolf nun eine ganz andere Erfahrung. „Ich habe mit Frau Manz vom Wirrgarten telefoniert und zwei Tage später saß ich nachmittags schon mit ihr am Tisch. Ich weiß noch gut, was sie damals gesagt hat: ‚So. Wir besprechen das jetzt alles. Hier haben wir zwei Flaschen Wasser stehen, ich habe alle Zeit der Welt. Wir reden so lange, wie wir wollen.' Wir haben uns dann wirklich zweieinhalb Stunden ausgetauscht. Ich konnte mich das erste Mal richtig ausheulen und mit jemandem reden, der mich auch verstanden und getröstet hat. Das war eine tolle Sache! Danach ging es mir sehr, sehr viel besser. Das hat einen wichtigen Beitrag dazu geleistet, dass Beni und ich besser miteinander über das Thema reden konnten. Einfach, weil ich da einiges gelernt hatte." Flurina Manz, die Beraterin, von der Rolf berichtet, erinnert sich ebenfalls noch gut an das erste Treffen mit ihm. „Das war ein ziemlich heißer Tag. Wir haben in einem kühlen Raum gesessen und ein langes Gespräch geführt. Rolf habe ich als einen sehr zurückhaltenden und höflichen Menschen kennengelernt. Und als einen verzweifelten. Er hatte sich im Internet über die Lewy-Body-Demenz informiert und wusste nicht, ob und wie er seinem Partner Beni diese Informationen zumuten sollte. Seine Befürchtung war, dass Beni dann jeglichen Mut verlieren könnte. Das war sein Dilemma und er litt darunter, dass er ganz allein mit all dem war und mit niemandem darüber sprechen konnte. Was würde die Zukunft bringen? Rolf hatte Angst davor und fürchtete, eines Tages alleine zurückzubleiben." Flurina ist die erste Person, der sich Rolf mit seinen Ängsten und Fragen anvertraut. Die versierte Beraterin empfindet eine solche Situation stets als Gratwanderung. „Das empfinde ich als Herausforderung in einer Beratungssituation: herauszufinden, was die Person überhaupt wissen möchte und was nicht. So auch bei Rolf. Es kann ja nicht darum gehen, ihn mit irgendwelchen schlimmen Zukunftsaussichten vollzuquatschen. Diese Gratwanderung zu meistern zwischen Wissen und Verdrängen. Was stimmt für einen Menschen? Ich habe Rolf gefragt, ob er überhaupt etwas über die Krankheit wissen möchte. Er war anfangs etwas unsicher, aber schließlich hat er ja gesagt. Wenn ich von Wissen spreche, meine ich Wissen und seine Vermittlung nicht in Form eines Interneteintrages, sondern im persönlichen und realen Dialog.“ Später besucht Rolf noch ein Angehörigenseminar, wo er den Austausch mit Gleichbetroffenen als sehr unterstützend empfindet. Er fühlt sich gestärkt.

Selbsthilfegruppe

Rolf leidet unter der Situation nach der Diagnosestellung. Beni tut es natürlich auch. Oder erst recht? Beide brauchen in dieser schwierigen Phase Unterstützung von außen. Rolf holt sie sich im Wirrgarten und in einem Angehörigenseminar. Und Beni?

Obwohl sie mit Beni, anders als mit Rolf, erst einmal gar keinen persönlichen Kontakt hat, erweist sich Flurina Manz wieder als Schnittstelle zu einem Angebot, das für ihn sehr wichtig werden sollte. Eine jüngere Frau mit einer demenziellen Behinderung hat die Absicht, eine Selbsthilfegruppe zu gründen. Nicht für Angehörige, sondern für Personen, die wie sie selbst auch mit einer Demenz leben. Ein Presseartikel in der Basler Zeitung soll helfen, diese Idee zu verbreiten und Mitglieder für die angedachte Gruppe zu gewinnen. „Flurina hat mich gefragt, ob ich mich für das geplante Zeitungsinterview zur Verfügung stellen würde“, berichtet Beni. „Ja, mache ich, habe ich gesagt. Es gab dann auch einen großen Artikel in der Basler Zeitung, in dem ich meine Geschichte erzählt habe. Und irgendwann waren wir vier Leute in der Gruppe, zwei Frauen sind dazugekommen.“ Die Frauen haben später die Gruppe verlassen, neu hinzugekommen sind zwei Männer. Zu den Treffen im Wirrgarten geht Beni gerne. Meist ist er schon eine Stunde früher vor Ort. Zur Sicherheit bricht er immer schon etwas früher von Inzlingen nach Basel auf.

„Die Gruppe ist für mich sehr wichtig. Mir gefällt, wie Flurina das moderiert. Sie fragt immer am Anfang, ob jemand ein Bedürfnis hat, zu sprechen, ob irgendjemand was auf dem Herzen hat, was er loswerden möchte. Dann kannst du dich melden und erzählen. Man kann sich einfach austauschen. Einfach darüber reden. Jeder hat eine bestimmte Zeitspanne, in der er reden kann. Und wenn manchmal einer ein bisschen mehr redet, dann wird er freundlich darauf hingewiesen und dann kommt der Nächste dran.“ Beni bringt sich mit seinen Angelegenheiten gern in die Gruppentreffen ein. Er spricht von seinen Gefühlen und darüber, was ihm im Kopf herumgeht, aber auch von Missgeschicken im Alltag. Wie dem Verlust der Geldbörse oder der Situation, als er in Basel wegen der rasch einsetzenden Dunkelheit einmal die Orientierung verloren hat. Aufmerksam hört er auch den Beiträgen und Geschichten der anderen Gruppenmitglieder zu. „Toll finde ich, dass alles, was dort besprochen wird, in der Gruppe bleibt. Das haben wir so abgemacht. Keiner erzählt irgendwem draußen über das, was in der Gruppe besprochen wurde. Das ist gut so. Denn manchmal, wenn jemand erzählt, werden wir auch traurig. Das wird man nun einmal, wenn man sich zum Beispiel vorstellt, dass man balla-balla wird und seinen Partner vielleicht irgendwann nicht mehr erkennt. Dann weinen wir auch. Der, der erzählt, weint und die anderen weinen alle mit. Mir hilft der Austausch, der da zwischen uns Vieren passiert."

Wäre es vorstellbar, dass Rolf auch an den Gruppentreffen teilnimmt? „Nein, das wäre nicht gut. Das wäre dann was anderes. Da wäre man dann nicht mehr so locker." Auch wenn Rolf und Beni eine sehr gute Ehe führen, in der offen über alles gesprochen wird: Dass Angehörige bei den Treffen der Selbsthilfegruppen dabei sind, das würde Beni nicht passen. Und auch Rolf hat dazu eine Meinung: „Ich hatte Flurina vor einiger Zeit einmal den Vorschlag gemacht, dass der Partner oder die Partnerin mitkommt. Damit war sie nicht einverstanden und hat es mir auch begründet. Die Selbsthilfegruppe sei ein Ort nur für die Betroffenen selbst. Einen solchen geschützten Raum müsse es geben. Ich habe das dann auch verstanden. Beni und ich besprechen fast alles miteinander, aber jeder soll auch einen Ort haben, wo er ganz unter Seinesgleichen ist. Bei mir wäre das eine Angehörigengruppe."

In den Zeiten der Coronapandemie kann die Selbsthilfegruppe sich nicht treffen. Beni bedauert das. Ein virtuelles Treffen über Video kommt für Beni nicht in Betracht. Mit dem PC oder einem Tablet kommt er nicht mehr zurecht. „Aber sobald dieses blöde Virus endlich weg ist, möchte ich wieder, dass sich unsere Gruppe trifft."

Netzwerke

Andere Menschen in gleicher Situation finden, miteinander ins Gespräch kommen und persönliche Netzwerke bilden: Das spielt für Beni und Rolf eine zentrale Rolle. „Es ist so wichtig und erleichternd, wenn man sieht, dass man mit seinen Problemen nicht alleine auf der Welt ist", sagt Rolf. „Wir haben damals, also kurz nach der Diagnose, viel gegoogelt und wollten herausfinden, wo man sich Hilfe holen kann. Da sind wir auf eine Veranstaltung in Zürich gestoßen, die zu dem damaligen Zeitpunkt erstmals stattfand und sich ‚Demenz Meet' nannte. So, wie das angekündigt wurde, dachten wir beide: Das ist jetzt genau das Richtige für uns! Ein Treffen von Betroffenen, Angehörigen und am Thema Interessierten, aber nicht so hochgestochen wie auf den meisten Kongressen. Eher für Leute wie wir beide und mit dem Schwerpunkt auf Austausch untereinander." Beni und Rolf fahren hin und wollen sich überraschen lassen, was dieses Treffen ihnen bringt. Obwohl rund vierhundert Menschen bei dem ersten Demenz Meet in Zürich dabei sind, erinnert sich Daniel Wagner, der Initiator der Veranstaltung, noch gut an die beiden. „Ich kannte nicht viele der Teilnehmenden. Aber Beni und Rolf sind mir früh aufgefallen. Einerseits, weil es offensichtlich war, dass sie ein Paar sind. Ich habe gespürt: Die sind völlig verloren. Die haben keine Ahnung, was sie tun sollen. Aber die beiden sind in der großen Menschenmenge einfach aufgestanden und haben viele Fragen gestellt. Die haben sich einfach getraut. Das hat mich sehr beeindruckt."

„Natürlich hatten wir Fragen über Fragen", berichtet Rolf. „Wir waren bei den Diskussionsrunden dabei und haben uns dort eingebracht. Wir haben unsere Situation geschildert und wollten wissen, wie es damit ausschaut und ob man uns dazu Informationen und Ratschläge geben kann. Und so sind wir natürlich mit einigen Menschen in Kontakt gekommen. Das war so ein bisschen der Anfang. Man hat jetzt nicht unbedingt viel Betroffene bei dem Meet kennengelernt, aber es war zumindest mal ein Anfang. Man hat sich mit Leuten austauschen können. Das war sehr hilfreich für uns."

Aus dem Treffen in Zürich entstehen Folgeaktivitäten. So lädt Daniel Wagner die beiden zu einem zweiten Demenz Meet im Folgejahr ein, wo sie nicht nur im Publikum sitzen, sondern auf der Bühne den Teilnehmenden über ihre Situation und den Umgang damit berichten. Und sie lernen den Wert von Netzwerken kennen. In der Folgezeit nehmen sie an weiteren Veranstaltungen teil und vernetzen sich mit anderen Betroffenen und Interessierten über Social Media. Es entstehen neue Kontakte und Freundschaften. Daniel macht ihnen ein Kompliment: „Die machen das sehr gut! Sie sind wirklich sehr gut vernetzt. Hut ab!"

Enttäuschungen

Beni und Rolf machen aber auch Erfahrungen mit Unterstützungsangeboten, die ihnen wenig hilfreich vorkommen. „Wir waren dann auch in einem Pflegestützpunkt und wollten uns dort beraten lassen. Man war da freundlich und hat sich auch Mühe gegeben, aber mal ehrlich: Wenn du in der Situation bist, dass deine Welt gerade aus den Angeln gehoben wird, weil du mit einer knallharten

Diagnose konfrontiert wirst, dann helfen dir geballte Informationsladungen über Pflegeheimplätze und dergleichen überhaupt nicht. Das stürzt alles auf dich ein. Das sind aber nicht die Fragen, die du dir in solch einer Anfangssituation stellst. Du bist dann total überfordert." Vor allem Rolf hat in der Anfangszeit viel im Internet nach brauchbaren Informationen über die Lewy-Body-Demenz gesucht. Schließlich hat er ein dickes Fachbuch über diese Erkrankung gekauft, das dem Leser umfassende und verständliche Informationen für eine kompetente Unterstützung und Begleitung betroffener Menschen verspricht. „Ich habe das Buch nach den ersten zwanzig Seiten weggelegt. Es war für mich gar nicht zu gebrauchen. Da stehen haufenweise Dinge drin, die auf die Anfangsphasen einer solchen Erkrankung und auf die Situation von Beni überhaupt nicht zutreffen. Was in dem Buch als zentrale Symptomatik dargestellt wurde, spielte bei Beni keine Rolle. Ich glaube, dass es bei Demenz immer um Mischformen ganz unterschiedlicher Dinge geht und dass es bei jeder Person ganz individuell ausschaut. Aber solche Bücher geben etwas vor, was man in Wirklichkeit vermutlich nie antreffen wird."

Auch Beni ist immer wieder auf Informationen gestoßen, mit denen er nichts anfangen konnte, weil sie nicht zu seinem Erleben passten. „Man muss aufpassen, dass einen solche Infos, zum Beispiel aus dem Internet, nicht herunterziehen. Denn das können sie! Aber so etwas kannst du nun wirklich nicht in deiner eh schon schwierigen Situation gebrauchen."

Die Haltung machts!

Persönliche Kontakte, der Austausch unter Gleichbetroffenen und die einfühlsame und kompetente Beratung durch Personen, die Zeit und Interesse an dem Gegenüber aufbringen: Das gibt Beni und Rolf die Unterstützung, die sie als hilfreich empfinden und die sie auf ihrem Weg weiterbringt. Aber es braucht noch etwas anderes, sagt Beni. „Du musst auch Offenheit zeigen und bereit sein, Hilfe anzunehmen. Ohne das geht es nicht. Wir suchen den Kontakt zu anderen Menschen. Wir gehen zu Treffen, bei denen wir uns mit anderen Personen austauschen können. Wir sind neugierig und fragen nach."

„Was ich an Beni bewundere, ist seine Fähigkeit, die Hilfe anderer Menschen anzunehmen. Sei es meine, die der Menschen im Haus oder ganz fremder auf der Straße. Wenn das nicht wäre, würden auch all die anderen Dinge nichts nutzen. Und dann ist da noch die unglaubliche Offenheit, mit der er auf andere Menschen zugeht und sie by the way über das schwierige Thema Demenz aufklärt."

Gut zu wissen! – Selbsthilfegruppen

Beni ist einer der Initiatoren und Mitglieder einer Selbsthilfegruppe in Basel. Selbsthilfe hat im deutschsprachigen Raum eine lange Tradition. Sie bedeutet, dass Menschen mit einer gleichartigen Problematik gesundheitlicher oder anderer Art sich zusammentun, um sich mit ihrer Situation auseinanderzusetzen und Wege zu suchen, besser mit ihr zurechtzukommen. „Das Wesen der Selbsthilfe ist die wechselseitige Hilfe auf der Basis gleicher Betroffenheit. Selbsthilfe bedeutet, die eigenen Probleme und deren Lösung selbst in die Hand zu nehmen und im Rahmen der eigenen Möglichkeiten aktiv zu werden. In Selbsthilfegruppen finden sich Menschen, die ein gemeinsames Thema verbindet, die unter der gleichen Krankheit, Behinderung oder seelischen Konfliktsituation leiden“ So definiert es die Selbsthilfe Kontakt- und Informationsstelle (SEKIS). Wer einmal das Mitgliederverzeichnis eines großen Selbsthilfedachverbandes aufruft, wird sich schier von der Vielfältigkeit der Themenbereiche erschlagen fühlen. Das fängt bei Adipositas und Allergien an, setzt sich über Burn-Out, Depression und Essstörungen fort, um schließlich bei Kinderwunsch, Stimmenhören und Zwangsstörung zu enden. Nicht berücksichtigt sind hier unzählig viele weitere Erkrankungen oder soziale Probleme, für die ebenfalls Selbsthilfegruppen existieren.

Zum Thema Demenz gibt es seit vielen Jahren in zahlreichen Ländern Selbsthilfegruppen. Hierbei handelt es sich jedoch bis auf wenige Ausnahmen um Gruppen, in denen Angehörige von Personen mit einer kognitiven Einschränkung gemeinsam an ihren Problemen arbeiten. Selbsthilfegruppen von tatsächlich direkt betroffenen Menschen sind nach wie vor eine eher seltene Erscheinung. Das liegt vor allem an nach wie vor wirksamen Bildern von Demenz oder Demenzbetroffenen, die auf das schauen, was nicht mehr geht und das übersehen, was an Kraft und Kompetenz gegeben ist. Wer einmal mit dem Stigma Demenz belegt worden ist, dem scheint man jegliche Fähigkeit abzusprechen. Gleichwohl gibt es Selbsthilfegruppen von Betroffenen in Deutschland, in der Schweiz, in Österreich und in anderen Ländern. Initiiert wurden sie in den meisten Fällen von engagierten Unterstützerinnen und Unterstützern aus dem sozialen Arbeitsfeld und manchmal auch von betroffenen Menschen selbst. Doch gleich, wer ein solches Angebot initiiert und im besten Fall auch den organisatorischen Rahmen sichert, wichtig ist vor allem, dass in den Gruppen wirkliche Selbsthilfe Betroffener stattfindet. Auch wenn Personen mit einer kognitiven Einschränkung für Aufgaben wie die Organisation oder die Moderation von Treffen oft Unterstützung benötigen, sollen sie die Hauptpersonen und Entscheider sein. Professionelle Helferinnen und Helfer sind als Unterstützer gefragt, aber im Sinne einer Assistenz und nicht einer Betreuung. Bereits 2011 haben Mitglieder sowie Moderatorinnen und Moderatoren solcher Gruppen begonnen, die wesentlichen Punkte hierzu im Konzept der unterstützten Selbsthilfe auszuformulieren.

Was kann eine Selbsthilfegruppe leisten? Beni berichtet, dass in der von ihm besuchten Gruppe oft auch geweint wird. Man berichtet über seine Situation und sein Erleben, hört den anderen Beteiligten bei ihren Erzählungen zu, nimmt Anteil und weint, wenn einem danach ist. Die emotionale Entlastung ist wichtig. Ebenso die Erfahrung, dass man nicht allein mit seinen Problemen in der Welt ist und dass es andere Menschen gibt, denen es ähnlich oder genauso ergeht. Wie organisiere und gestalte ich meinen Alltag? Wie kompensiere ich Schwächen und finde die Unterstützung, die ich benötige? In der Selbsthilfegruppe kann man es von den anderen erfahren. Dass Beni zweimal wöchentlich Unterstützung durch die Mitarbeiterin einer Sozialstation erhält, hat er seiner Selbsthilfegruppe zu verdanken. Die anderen Mitglieder haben ihn davon überzeugen können, dass dies eine Hilfe für ihn und eine Entlastung für seinen Mann Rolf bedeutet.

Wenn die Mitglieder von Selbsthilfegruppen miteinander reden, tun sie das auf der Ebene gleicher Betroffenheit. Hierdurch entsteht ein authentisches wechselseitiges Verständnis. Das können auch die besten professionellen Helferinnen und Helfer nicht leisten. Darum sind Selbsthilfegruppen von Menschen mit einer kognitiven Beeinträchtigung so wichtig.

Die Erfahrung hat gezeigt, dass betroffene Personen, die den Schritt in die Öffentlichkeit wagen, um dort Verständnis für ihre Situation zu schaffen und in eigener Sache zu sprechen, zumeist in Selbsthilfegruppen sozialisiert worden sind. In diesem geschützten Rahmen haben sie ihr Selbstbewusstsein stärken oder neu aufbauen können. Hier haben sie erfahren, dass sie noch viel zu sagen haben und viel bewegen können. Und schließlich haben sie den Mut gewonnen, noch einen Schritt weiterzugehen – über die Isolation als betroffenes Individuum in den stärkenden Rahmen der Gruppe Gleichbetroffener und von dort hinaus in die Gesellschaft. So werden Selbsthilfegruppen auch zum Motor der Selbstvertretung und gesellschaftlichen Teilhabe von Menschen mit einer kognitiven Behinderung.

7.
Zwei Männer mit Stil – Von Schuhen, Lederschlipsen und Toupets

Wer Stil hat, überlebt alle Epochen.
(Fritz P. Rinnhofer)

Von Personen, die in der Bekleidungsbranche tätig sind, wird man fast immer erwarten, dass sie auch privat Wert auf ein gepflegtes Äußeres legen und sich eher modisch-elegant als nachlässig kleiden.

Rolf ist und Beni war bis zu seiner Frühverrentung in der Schuhbranche tätig. Beni hat zudem zu Beginn seiner Berufskarriere Modeschauen organisiert. In der Tat sind beiden modische Aspekte und Stilfragen wichtig. Im Lauf der Zeit verändern sich die individuellen und die gesellschaftlichen Vorstellungen von dem, was als modisch, elegant, als gutaussehend und als stilistisches No-Go gilt, immer wieder. Das haben beide Männer in ihrem Beruf erlebt und auch an sich selbst.

„Bis vor wenigen Jahren galt bei uns in der Schuhbranche und bei mir im Betrieb für Männer die Pflicht, Krawatte und Anzug oder doch zumindest ein Jackett zu tragen. Da ist man nicht drum herumgekommen", erinnert sich Rolf. „Dann hat sich das nach und nach gelockert. Krawatte zu tragen kann zur Gewohnheitssache werden. Aber im Nachhinein finde ich es fürchterlich. Heute sind Jeans, je nachdem Jackett dazu, und Sneaker angesagt." Beni bedauert das durchaus ein wenig. „Also, ich war schon der Anzugtyp. Ich habe gerne Anzüge getragen und auch Rolf gerne darin gesehen. Und in den achtziger Jahren gab es diese schönen schmalen Lederschlipse. Die mochten wir beide. Chic war, wenn du ein schwarzes Jackett und dazu einen weinroten Lederschlips getragen hast. Das Jackett natürlich mit Schulterpolstern. Die konnte ich damals gut gebrauchen, so schmal wie ich war. Ganz wichtig war das Innenfutter des Jacketts, denn man hat ja die Ärmel aufgekrempelt, Und wenn dann ein tolles gestreiftes Innenfutter zum Vorschein kam, hattest du gewonnen."

Und schöne Schuhe. Rolf und Beni kennen sich in der Schuhwelt aus, wie kaum jemand anderes. Creepers und Boots, Sandalen und Derbys, Schuhe für die Freizeit oder Schuhwerk für offizielle Anlässe: für die beiden keine Fremdwörter. Persönlich tragen sie heute am liebsten Sneakers.

„Die sehen gut aus, sind bequem und passen zu fast jeder Kleidung." Zu ihrem Videoauftritt bei dem YouTuber Leeroy Matata Ende 2020 hatte Beni sich neue und offensichtlich sehr besondere Sneaker angeschafft und bei den Aufnahmen getragen. Kommentar eines Zuschauers: Der Mann ist dement, todkrank, hat aber die geilsten Sneaker an!

Schweiz, wir befinden uns in den achtziger Jahren. Normalerweise kauft die Mutter immer für Beni Schuhe. Italienische natürlich, weil sie selbst aus Italien stammt und auf die Qualität italienischer Schuhe schwört. Einmal ist es aber der Vater, der Beni mit schwarzen Schuhen und den damals typischen hohen Absätzen eine Freude machen will. Der freut sich auch, ist jedoch der Meinung, dass Schwarz nicht gerade für Farbenfreude steht. Kein Problem! Der Vater geht mit den neuen Schuhen in die Garage, greift nach einer Farbspraydose und drückt dem verdutzten Sohn ein nun deutlich farbenfröhlicheres Schuhpaar in die Hand.

Zu den Klischees über Schuhliebhaber zählt sicherlich die Vorstellung, dass diese wahre Schuhberge in ihren Wohnungen und Häusern auftürmen. Beni und Rolf haben Geschmack und legen Wert auf gutes und schönes Schuhwerk, doch Massefetischisten sind sie nicht. „Ungefähr fünfzehn Schuhpaare hat jeder von uns. Das reicht. Was will man denn mit mehr?" Damit es auch nicht mehr werden, setzen sie gelegentlich Schuhe zum Verkauf auf eine Internetbörse. Gerade Sneakers werden dort gerne erworben. Sie selbst würden jedoch niemals gebrauchte Schuhe kaufen und tragen.

Abbildung 7-1: Urlaub New York

New York und Baden-Württemberg Anfang der zweitausender Jahre. Aufgrund einer guten Umsatzbilanz hat Rolf von seiner Firma eine einwöchige Reise in die Vereinigten Staaten spendiert bekommen. In New York geht er auf Einkaufstour und verliert in einem Schuhshop sein Herz an ein Paar Herrenschuhe. „Cool", denkt er. Nach vorne laufen diese extrem lang und spitz aus, fast so, wie beim Schuhwerk von Till Eulenspiegel im Mittelalter. Wieder zurück in Deutschland zieht Rolf seine Neuerwerbung gleich an und macht einen ersten Ausgang mit ihnen. Auf der Straße starren ihn Menschen an. Einige können sich dumme Kommentare nicht verkneifen. Zuhause schlüpft Rolf schnell aus den Schuhen und stellt sie in die Ecke. Wo sie denn auch bleiben werden. Berlin Prenzlauer Berg wäre vielleicht gegangen, denkt er, aber Baden-Württemberg scheint noch nicht reif für amerikanische Spitzschuhe zu sein.

Abbildung 7-2: Neuer Haarschnitt

Langes Haar und Glatze

Als Beni Rolf zum ersten Mal sieht, trägt dieser langes Haar. Lockiges Haar. „Mich haben die Mädchen und Frauen immer um meine tollen Lockenhaare beneidet. Sie selbst mussten sich so eine Frisur für teures Geld beim Friseur machen lassen", weiß Rolf noch. Später trennt er sich von seiner Haarpracht und trägt das Haar deutlich kürzer. Aber nicht, weil Beni lange Haare nicht sehr schätzt. „Es war einfach Zeit für einen Wechsel, man fiel mit den langen Haaren etwas aus der Zeit." Rolf mag Glatzen. Aber auch das ist nicht der Grund, weshalb Beni sich seit Ende 2020 in neuem Look präsentiert. Sein mittellanges dunkles Haar mit Seitenscheitel ist einer Glatze gewichen. „Die Leute überlegen jetzt natürlich, warum ich mir eine Glatze hab schneiden lassen. Hab ich aber gar nicht getan. Die Wahrheit ist, dass ich bereits seit meinem fünfundzwanzigsten Lebensjahr da oben keine Haare mehr habe. Ganz ehrlich, habe ich immer ein wenig darunter gelitten, ich wollte gerne Haare auf dem Kopf haben. Ich habe mich einmal sogar bei einer türkischen Klinik online über Transplantationen beraten lassen. Das ging aber nicht, mein Eigenhaar reichte dazu nicht. Also blieb nur ein Toupet übrig. Das schaut aber in den wenigsten Fällen gut aus. Ich habe jahrelang nach einem natürlich aussehenden Toupet gesucht, in Berlin und anderswo. Witzigerweise habe ich das dann hier in einem nur zehn Kilometer entfernten kleinen Ort gefunden. Das Toupet wird auf die Kopfhaut geklebt, damit kann man Baden, Duschen, alles. Das fand dann sogar Rolf gut, obwohl er eigentlich ein Gegner von so etwas ist." Beni lebt fortan glücklich mit seinem neuen Kopfschmuck. Ende 2020 entscheidet er sich aber schweren Herzens dafür, zukünftig darauf zu verzichten. Das hat zwei Gründe. „Das wurde jetzt verdammt teuer. Früher konnte ich noch alleine das Toupet täglich pflegen. Das funktioniert aber feinmotorisch nicht mehr bei mir, und darum musste ich alle vier Wochen zum Friseur damit. Und das kostete jedes Mal viel Geld. Dann also die Glatze." Seine Befürchtung, ohne Haare nicht mehr attraktiv zu sein, kann durch viele Rückmeldungen von anderen Menschen zerstreut werden. Charakterkopf lautet ein Kompliment, das er immer wieder zu hören bekommt. Beni ist zufrieden.

Inzlingen im Schnee. Auf dem Rückweg vom Einkauf kommt Beni mit einer Frau ins Gespräch, die gerade den Gehweg vom Schnee befreit. Und natürlich erzählt er ihr, dass er eine Demenz hat. Die Frau ist verblüfft und sagt dann: ‚Ich habe kürzlich erst im TV eine Sendung gesehen über einen Chor mit Leuten, die eine Demenz haben. Da gab es einen, der war so nett, der hat ein Lied für seinen Mann gesungen. Der muss sogar irgendwo hier aus der Gegend kommen'. Beni freut sich: ‚Ja, das war ich'. Die Frau mustert ihn kritisch und meint: ‚Nee, das kann nicht sein. Der andere hatte Haare auf dem Kopf'."

Modern und antik

Als Beni und Rolf eine gemeinsame Wohnung beziehen, stehen sie vor einer Herausforderung. Beide wollen ihre Möbel mit in die gemeinsame Wohnung einbringen. Doch die Stile unterscheiden sich erheblich. Hier Rolfs zeitaktuelle, dort Benis antike Möbelstücke. Was tun? Die Wohnung ist eine Maisonettewohnung. Und so lautet die Lösung: Oben auf der Galerie ist der Antikbereich, unten der in moderner Ausstattung. Beide Männer fühlen sich in beiden Bereichen wohl. Gemeinsamkeiten pflegen, Unterschiede nicht verleugnen, sondern wertschätzend integrieren – offensichtlich ein funktionierendes Modell für Wohnungen und für Beziehungen.

8.
Zwei Typen, ein Paar –
Von Gemeinsamkeiten und Unterschieden

Das Köstlichste auf Erden ist: seinesgleichen finden.
(Gorch Fock)

Als sie im Oktober 2020 bei dem jungen YouTuber Leeroy Matata im Video zu sehen sind, ernten Beni und Rolf haufenweise Komplimente wie ‚süß', ‚schönes Paar' und immer wieder ‚sympathische Menschen'. Die beiden leben bereits lange miteinander, davon viele Jahre auch als Ehepaar. Beni ist der Ältere, Rolf der um neun Jahre Jüngere. Der eine ist in der Schweiz geboren und bis heute Schweizer Staatsbürger, der andere hat seine Kindheit und Jugend in Bielefeld in Deutschland verbracht. Anfang der neunziger Jahre ist Rolf ins Drei-Länder-Eck nach Weil am Rhein gezogen. 2002 hat Beni seinen Wohnsitz nach Deutschland verlegt, nur wenige Kilometer vom geliebten Basel entfernt. Beide leben seitdem in Inzlingen im Landkreis Lörrach, ein mit seinen knapp zweieinhalbtausend Einwohnern ebenso beschaulicher wie überschaubarer Ort. „Ich bin in einem wohlbehüteten Elternhaus als Einzelkind aufgewachsen", berichtet Rolf. „Uns fehlte es an nichts. Die Schule war nicht so mein Ding zur damaligen Zeit. Ich habe ein Gymnasium besucht, aber ich war grottenschlecht und es war recht schnell klar, dass ich das Abitur niemals machen würde." Die meisten seiner Mitschüler beginnen nach der Zeit auf dem Gymnasium ein Studium. Rolf würde gerne Bankkaufmann werden. Oder Industriekaufmann. Aber es ist Mitte der achtziger Jahre. Auf dem Lehrstellenmarkt tummeln sich die geburtenstarken Jahrgänge. Seinen Berufswunsch kann Rolf abschreiben. „Mein Vater hat mich auf eine Anzeige aufmerksam gemacht. Ein großer bekannter Schuhdiscounter suchte Auszubildende. Den kannte ich bis dahin gar nicht. Ich habe mich dort beworben und bin mit Kusshand genommen worden. Die wollten damals verstärkt männliche Auszubildende haben, und weil ich einer der wenigen Männer war, der dort eine Ausbildung machen wollte, war ich auch sofort drin.“ Von seinen ehemaligen Mitschülern muss sich Rolf Hänseleien gefallen lassen. Erst auf dem Gymnasium und dann Schuhverkäufer! Rolf stört es nicht. Er macht eine klassische dreijährige Ausbildung. der zwanzig Monate dauernde Zivildienst lässt ihn noch einmal kurz grübeln. Die Arbeit mit schwerstbehinderten Menschen liegt ihm. Aber er rechnet sich kaum Entwicklungsmöglichkeiten in diesem Arbeitsfeld aus und bleibt daher im Einzelhandel und in seiner bisherigen Firma. Dort ist er auch heute noch tätig. Vom Auszubildenden hat er sich bis zum Filialleiter und zum Bezirksleiter hochgearbeitet. Damit setzt er eine männliche Traditionslinie in seiner Familie fort. Auch sein Vater hat fast vierzig Jahre bei derselben Firma gearbeitet. Ebenso der Großvater, der seiner Firma sein ganzes Arbeitsleben lang treu geblieben ist. Zu seinen Eltern hat er ein gutes Verhältnis. Als Jugendlicher geht er seine eigenen Wege, hält eine gewisse Distanz zu ihnen, ist nicht der Typ für herzliche Umarmungen und körperliche Nähe. Sein Vater stirbt 2016. Zu seiner mittlerweile über achtzigjährigen Mutter hat er heute eine sehr gute Beziehung. Man hält Kontakt, auch wenn dies meistens wegen der räumlichen Distanz telefonisch erfolgt. Doch besuchen Beni und Rolf die Mutter auch regelmäßig in Bielefeld oder sie kommt zu ihrem Sohn und dessen Ehemann nach Inzlingen.

„Meine Mutter ist heute noch so was von fit! Letztens waren wir zu Besuch bei ihr und haben eine neunzehn Kilometer lange Wanderung unternommen. Am Ende war nicht ich es, sondern sie, die gefragt hat: Na, kannst du noch?“

Ob man Rolfs Mutter fragt, seinen Partner Beni, Freunde oder andere Menschen, die ihn erleben: Immer wird Rolf als ein ruhiger und bedachter Typ beschrieben. Flurina Manz, die Rolfs erste wichtige Gesprächspartnerin und Beraterin nach der Demenzdiagnose von Beni war, erinnert sich: „Rolf ist damals zu mir ins Büro gekommen, ich habe ihn als einen sehr zurückhaltenden und höflichen Menschen erlebt. Er war damals ja ganz verzweifelt und auf der Suche nach Unterstützung, aber er hat gleich zu Anfang so etwas gesagt wie: Entschuldigung, ich möchte mich ja nicht aufdrängen.“ Rolf ist keiner, der offensiv auf andere Menschen zugeht und ihnen Gespräche aufzwingt. Er kann zuhören, man hat immer das Gefühl, dass er seinen Gesprächspartner ernst nimmt. Freunde, aber auch Mitarbeiterinnen und Mitarbeiter haben keine Scheu, sich ihm anzuvertrauen.

Beni ist ein anderer Typ als Rolf. Auch er ist ein Einzelkind. Seine Eltern betreiben einen Gemischtwarenladen in der schweizerischen Stadt Zug, den die italienstämmige Mutter von ihren Eltern geerbt hat. Beni hilft bereits mit fünf Jahren im

Abbildung 8-1: Rolfs Eltern mit Beni und Rolf

Laden mit und findet Spaß daran. Offensichtlich wächst bereits in diesen Jahren eine passionierte Verkäufernatur heran. „Uns gings ganz gut und ich habe auch alles bekommen, was ich brauchte. Alles, außer körperliche Zuwendung und Zuneigung. Ich würde schon sagen, dass meine Eltern mich geliebt haben. Aber mal auf den Schoß heben, an die Hand nehmen oder umarmen: Das gabs bei uns nicht." Die Eltern streiten viel. Anlass dazu geben immer wieder quartalsmäßige Alkoholexzesse des Vaters. Für den kleinen Jungen ist das alles furchtbar. „Oft war ich in der Schule völlig übermüdet und unkonzentriert, weil ich bis vier Uhr morgens nicht bei dem Lärm habe schlafen können, den meine Eltern gemacht haben." Beni ist froh, als er das Elternhaus verlassen kann. Er zieht zu seinem damaligen, zehn Jahre älteren Freund. Die Mutter stirbt jung, mit gerade einmal dreiundsechzig Jahren. Beni ist damals siebenundzwanzig. Ihren Tod erlebt er als einschneidende Erfahrung.

„Sie hatte Diabetes gehabt und musste fürchterlich leiden. Man hat ihr beide Beine abnehmen müssen, bevor sie starb. Ich bin damals in die Kirche gelaufen und habe den da oben verflucht, weil er meine Mutter so hat leiden lassen." Denn so schwierig er seine Kindheit im Elternhaus auch erlebt hat, seine Mutter hat er geliebt. Auch mit dem Vater hat er sich nach dem Tod der Mutter wieder versöhnt. Noch heute hält er in Gedanken den Kontakt zu den beiden und spricht mit ihnen, wenn er alleine ist. Manchmal fahren Rolf und Beni nach Zürich und besuchen sie auf dem Friedhof.

Rolf und Beni haben viele gemeinsame Interessen und Bezugspunkte in ihrer Biografie, gleichwohl sind sie zwei sehr unterschiedliche Menschentypen. Das sagen alle, die sie kennen, und das bestätigen sie selbst auch. Fragt man Beni, wie er Rolf sieht, dann lautet die Antwort: als einen ruhigen, bedachten, manchmal zweifelnden, sehr sensiblen und aufmerksamen Menschen. Rolf charakterisiert Beni als emotional, offen, auf Menschen zugehend, harmoniesuchend und mit einer positiven Grundhaltung und Ausstrahlung ausgestattet. Und das scheint gut zusammenzupassen. Rolf sagt: „Ich bin manchmal einfach ein wenig negativ eingestellt. Und dann gibt es oft Situationen, wo Beni mir den Kopf wäscht und mich auffängt. Ich solle nicht so negativ sein, wir würden schließlich im Hier und Jetzt leben und schon alles in den Griff bekommen. Das tut mir dann gut!" Für Beni ist Rolf ‚Mein ein und alles'. Er weiß, dass Rolf bedingungslos zu ihm hält und ihn sehr sensibel und wertschätzend unterstützt. Die Beziehung zwischen den beiden Männern bleibt auf Augenhöhe. Mit oder ohne Demenz.

Coming-*out*

Zu den Gemeinsamkeiten, die Beni und Rolf haben, zählt nicht nur, dass beide in der Schuhbranche ihre berufliche Heimat gefunden haben oder beide als Einzelkinder aufgewachsen sind. Beide mussten bereits in ihrer Jugend zudem eine große Herausforderung bewältigen. In einer Zeit, als das noch nicht so selbstverständlich war wie heute, mussten sie sich als homosexuell outen. Es vor den Eltern und anderen Personen anfangs zu verschweigen, dann aber mitteilen und verteidigen zu müssen, war nicht ohne Grund mit Angst vor deren Reaktionen und den Konsequenzen verbunden. Die fielen nicht ganz überraschend, letztendlich dann aber ganz anders aus, als Beni und Rolf es erwartet hatten. Rolf erinnert sich: „Irgendwann, ich war damals siebzehn, hat meine Mutter eine Postkarte in meinem Zimmer gefunden, durch die sie das Ganze herausbekommen hat. Abends, als ich von der Arbeit nach Hause kam, hat sie mich zur Rede gestellt. Mein Vater hat sich mehr im Hintergrund gehalten. Sie waren beide geschockt, es gab dann ein paar sehr heftige Tage bei uns zuhause. Mir wurden schwere Vorwürfe gemacht. Und an einem Sonnabend kam dann meine Mutter zu mir und sagte etwas in der Art von: Wenn du uns versprichst, dass du so etwas nicht wieder machst und wieder ‚normal' wirst, dann vergessen wir das alles! Aber ich habe ihr dann geantwortet: Mama, das kann ich nicht versprechen, weil es einfach nicht so ist und sein wird!"

Seine Bestimmtheit beeindruckt die Mutter: „Das tut mir bis heute leid, dass ich damals ihm gegenüber ausfallend geworden bin. Aber für mich und meinen Mann war das ja etwas ganz Unbekanntes. Zur damaligen Zeit war so etwas ja etwas Geheimes, darüber wurde nicht geredet. Rolf hat sich nach unserem Streit dann von uns zurückgezogen. Nach ein paar Tagen habe ich es nicht mehr ausgehalten und bin zu ihm hin. Er hat mir dann erklärt, dass er nun einmal keine Frauen, sondern Männer mag. Und dass das so bleiben werde. Ich habe mich dann bei ihm entschuldigt und dann war es auch gut so. Man kann doch nicht mit seinem Jungen wegen so was brechen."

Als Rolf dann seine erste feste Beziehung hat, gibt es gar kein Problem mehr. Die Eltern mögen den Freund und können nun entspannt mit dem Thema Homosexualität umgehen. Und als Beni im Leben von Rolf auftaucht und einen festen Platz einnimmt, gewinnt dieser auch schnell die Herzen der beiden. Um die Mutter ist es seitdem ohnehin geschehen. „Also, so ein netter Mann, so freundlich und zuvorkommend! Wie höflich der war, als er mit Rolf zum ersten Mal bei uns war und meinen Linseneintopf gegessen hat. Wir haben sofort einen Draht zueinander gefunden und uns gemocht. Und wenn ich die beiden Jungs zuhause besucht habe, dann hat mich Beni am Bahnhof abgeholt. Mit einem Blumenstrauß!" Beni und Irmhild Könemann: Da stimmt die Chemie. Und so pflegen alle drei bis heute eine innige Beziehung.

Irmhild Könemann ist wieder einmal bei ‚ihren Jungs' in Inzlingen. Am Morgen sitzt man gemeinsam am Frühstückstisch, als Rolf, der heute einen Urlaubstag hat, sie anspricht: „Du, Mama, wir müssen uns mal über etwas unterhalten". Die Mutter ist irritiert. „Ich hab' gefragt: Habe ich etwas verkehrt gemacht? Habe ich etwas vergessen?" Aber Rolf hat nur den Kopf geschüttelt. Und dann haben mir die beiden von Benis Erkrankung erzählt. Ich konnte in diesem Moment gar nichts mehr sagen, ich saß nur noch stumm da und habe die Hände vors Gesicht gehalten.

Nun wird ihr einiges klar. „Mir war schon öfters, wenn ich zu Besuch bei den Jungs war, etwas aufgefallen. Wenn ich zum Beispiel gesagt habe, Beni soll doch mal dieses oder jenes machen, hat er es oft nicht getan. Ich habe dann

manchmal zu ihm etwas gesagt wie: „Rolf kommt doch bald von der Arbeit und du wolltest doch schon die Tomaten schneiden." Er hat sich dann entschuldigt und meinte, er hätte es eben vergessen. Ein wenig geärgert hat mich das damals schon und ich habe mich gefragt, warum er das tut. Dann hat er einmal die Türe vom Kühlschrank aufgelassen und ich habe wieder etwas gesagt. Ich habe doch nicht gewusst, was da los ist. Als die beiden mich dann am Frühstückstisch endlich aufgeklärt haben, war ich zuerst natürlich ganz geschockt. Aber seitdem schätze ich Beni noch viel mehr."
Die beiden Männer gehen offen mit der Erkrankung von Beni um, aber es der Mutter zu sagen, ist lange Zeit eine große Hürde für sie. Letztendlich ist Irmhild Könemann die letzte, die es erfährt. Sie zeigt dafür Verständnis. „Rolf wollte mich nicht damit belasten. Mein Mann war 2016 gestorben und ich hatte viel zu kämpfen. Da wollten die beiden mir nicht noch mehr Kummer machen. Aber sie haben sich toll um mich gekümmert und mich zu sich eingeladen, um mir über den Kummer hinwegzuhelfen."

Auch Beni ist gerade einmal siebzehn Jahre alt, als er sein Coming-out als Homosexueller hat. Wer vermutet, dass es nun zum familiären Crash kommt, täuscht sich. Seine Eltern sind natürlich nicht weniger in den damaligen gesellschaftlichen Vorbehalten gegenüber gleichgeschlechtlichen Partnerschaften gefangen als Rolfs Eltern. Aber ihren Sohn deshalb verurteilen, das kommt für das Ehepaar nicht in Frage. Der Vater äußert nur den Wunsch, Beni möge nicht jede Woche einen neuen Freund mit nach Hause bringen. Da besteht jedoch keine Gefahr. Bei einem größeren Familientreffen zeigen sie dann Flagge. Als das Gespräch auf das Thema Bügeln kommt, äußert Beni, dass er nicht bügeln kann und es auch nicht mag. Na ja, äußert daraufhin ein Verwandter abfällig, du hast ja auch einen Mann als Frau. Beni erinnert sich noch genau: „Dann ist meine Mutter aufgestanden und hat zu der betreffenden Person gesagt: ‚Das geht dich einen Dreck an! Mein Sohn kann tun was er will. Komm, Vater, steh auf, wir gehen!' Das hat mir gezeigt, dass mich meine Eltern doch lieben und zu mir stehen. Das war ein sehr gutes Gefühl."

Beni und Rolf sind sich einig: „Die Zeiten waren damals andere. Das kann man sich heute gar nicht mehr so vorstellen. Wir haben beide Hochachtung vor der Leistung, die unsere Eltern damals erbracht haben. Das war alles andere als selbstverständlich." Vielleicht ist es genau die Erfahrung, dass Offenheit bei einem noch so schwierigen Thema sich letztendlich auszahlt, die beide heute auch offen mit dem Thema Demenz umgehen lässt.

Gut zu wissen! – Homosexualität und gleichgeschlechtliche Ehe

Beni und Rolf sind homosexuell. Als Jugendliche war es nicht leicht für sie, ihre sexuelle Orientierung offen auszuleben. Denn in den neunzehnhundertsiebziger und -achtziger Jahren galt das in weiten Teilen der Gesellschaft noch als Makel. Wer sich als schwul oder lesbisch outete, musste mit Beleidigungen und Anfeindungen der Umwelt rechnen. Das galt erst recht ab dem Zeitpunkt Anfang der achtziger Jahre, als das HIV-Virus entdeckt und Aids zu einem dominanten öffentlichen Thema wurde. Das anfänglich fehlende Wissen über Ursachen und Übertragungswege mündete bei vielen heterosexuellen Menschen in aggressiver Feindseligkeit gegenüber schwulen Personen.

Manche Menschen, auch Mediziner, hielten Homosexualität für eine Krankheit. Erst 1990 hat die Weltgesundheitsorganisation (WHO) Homosexualität von der Liste psychischer Krankheiten gestrichen. Und erst 1994 wurde der berüchtigte § 175 des deutschen Strafgesetzbuches aufgehoben. Er galt seit 1872 (im damaligen Reichsstrafgesetzbuch), war von den Nationalsozialisten verschärft und 1969 und 1973 in der Bundesrepublik Deutschland zwar reformiert, jedoch beibehalten worden. Über viele Jahrzehnte waren schwule Männer auf dieser Grundlage verfolgt und eingekerkert worden. Auch wenn das in der Jugendzeit von Beni und Rolf nicht mehr zu befürchten war, blieb doch die allgegenwärtige Diskriminierung und die Furcht vor dem Entdecktwerden bestehen. Das Recht spiegelte lange Zeit die vorherrschende Meinung zum Thema Homosexualität wider. Für viele Eltern war es vermutlich eine beängstigende Vorstellung, dass ausgerechnet ihr Sohn oder ihre Tochter homosexuell war. Nicht zuletzt deshalb, weil man den Spott und die Verachtung der Familie, der Nachbarn und der Kollegen fürchtete. Unter diesen Umständen war es für Rolf und für Beni eine große Leistung, sich den Eltern gegenüber zu outen und standhaft das, was man fühlt, zu verteidigen. Und auch den Eltern muss man hoch anrechnen, dass sie sich, trotz des anfänglichen Schocks und des Versuchs, die Söhne doch noch auf die ‚normale' Bahn zurückzuholen, klar auf deren Seite gestellt haben. Was die rechtliche Seite betrifft, hatte Beni es in der Schweiz im Prinzip etwas besser als Rolf. Denn hier sind homosexuelle Handlungen seit 1942 legal. Die staatliche Diskriminierung aufgrund sexueller Orientierung ist verfassungsrechtlich ausdrücklich untersagt, das allerdings erst seit dem Jahr 2000, also lange nach der Jugendzeit von Beni. Doch waren homophobe, also Homosexualität scharf ablehnende Haltungen, seinerzeit dennoch bei vielen Menschen verbreitet und sind es auch heute noch.

In Österreich war Homosexualität zwischen Erwachsenen bis 1971 verboten. Im Rahmen einer kleinen Strafrechtsreform wurden die alten Bestimmungen dann durch vier neue Paragraphen im Strafgesetzbuch revidiert, Homosexualität blieb jedoch weiterhin strafbar. Erst im Jahr 2002 wurden die entsprechenden Bestimmungen vom österreichischen Verfassungsgerichtshof aufgehoben. All das ist also erst wenige Jahre her.

Wer als Mann Männer und als Frau Frauen liebt, lebt ebenso wie heterosexuelle Menschen oft in einer Beziehung. Und irgendwann verspüren die Partnerinnen oder Partner vielleicht auch das Bedürfnis, ihrer Beziehung einen rechtlich verbindlichen Rahmen zu geben. Viele möchten heiraten. Nachdem der Gesetzgeber mit der Abschaffung des § 175 in Deutschland und der vergleichbaren Bestimmungen in Österreich einen längst überfälligen Schritt zur Normalisierung gleichgeschlechtlicher Lebensweisen vollzogen hatte, tat er sich in der Frage nach der Ehe homosexueller Menschen noch eine Zeit lang schwer. Eingetragene Partnerschaft hieß die Konstruktion, die man in den D-A-CH-Ländern Deutschland, Österreich und der Schweiz deshalb schuf. Nun war es homosexuellen Partnern möglich, ihrer Beziehung einen formal-verbindlichen Rahmen zu geben. Viele Paare nutzten diese Möglichkeit, so auch Beni und Rolf. Aber immer noch waren gleichgeschlechtliche und heterosexuelle Paare nicht wirklich gleichgestellt, eine Heirat war ersteren nach wie vor verwehrt. Es war nur noch eine Frage der Zeit, bis der Gesetzgeber auch in diesem Punkt der deutlich gewandelten gesellschaftlichen Haltung zur Homosexualität nachkommen musste. Seit 2017 heißt es im deutschen Bürgerlichen Gesetzbuch: „Die Ehe wird von zwei Personen verschiedenen oder gleichen Geschlechts auf Lebenszeit geschlossen." 2019 zog Österreich nach. Auch hier können schwule und lesbische Paare seitdem heiraten. Ein Jahr später, im Dezember 2020, hat auch das Schweizer Parlament die Ehe für alle beschlossen. Jedoch hat ein rechts-konservatives Bündnis ein Referendum dagegen initiiert und will versuchen, die in ihren Augen widernatürliche ‚Homoehe' durch eine Volksabstimmung zu Fall zu bringen. Auch wenn Homosexualität mittlerweile in weiten Teilen der Gesellschaft akzeptiert sein dürfte, halten sich dennoch in bestimmten Kreisen reaktionäre Vorstellungen von richtig und falsch hinsichtlich der sexuellen Orientierung der Menschen.

Beni und Rolf leben seit vierundzwanzig Jahren in einer festen Beziehung. 2008 haben sie diese als eingetragene Partnerschaft registrieren lassen. Und 2017 konnten sie sich endlich ihren Herzenswunsch erfüllen: Seitdem sind sie ein verheiratetes Paar.

9.
Nicht alleine sein –
Familie und Freunde als Stütze

Es gibt Freunde, es gibt Familie
und es gibt Freunde, die zur Familie werden.
(Anonym)

Eine große Familie haben Beni und Rolf nicht. Rolf hat seine Mutter. Beni hat niemanden mehr. Oder doch: Rolfs Mutter ist im Prinzip auch zu seiner geworden. Und dann sind da noch Freunde. Zum Teil weit entfernt lebende, wie Sevi, die wie Beni und Rolf in Lörrach gewohnt hat, nun aber schon lange Zeit in Köln ansässig ist. Die Beziehung zu ihr hat sich bereits etwas verloren, als sie quasi durch die Demenz wieder neu belebt wird. Die Mitwirkung von Beni und Rolf an dem ZDF-Projekt ‚Unvergesslich – Unser Chor für Menschen mit Demenz' führt diese mehrfach in die Domstadt am Rhein. Man trifft sich wieder, die Freundin begleitet die beiden sogar einmal zu den Chorproben. Eine alte Freundschaft festigt sich wieder.

„Das Umfeld, ja, der Bekanntenkreis, da reagieren alle eigentlich sehr mitfühlend auf unsere Situation. Wir haben bis jetzt keine negativen Erfahrungen gemacht", berichtet Rolf. „Niemand hat versucht, sich von uns zu distanzieren. Einige Leute sind natürlich etwas unsicher geworden, weil sie mit der Krankheit nicht umgehen können. Wie der Bekannte von uns, der meinte: ‚Kann ich noch mal zu euch zu Besuch kommen, bevor Beni mich gar nicht mehr erkennt? Ich will ihn wenigstens noch einmal sehen.' Ich habe ihm geantwortet, er könne jederzeit kommen und Beni werde ihn auf jeden Fall erkennen. Er solle sich einfach einmal ein eigenes Bild machen."

„Als Rolf mir das erzählt hat, habe ich unseren Bekannten angerufen und gefragt, wie es ihm denn geht. Da hat er gesagt: ‚Du musst entschuldigen, ich wollte dich auch immer schon anrufen, aber ich weiß nicht, wie ich dann reagieren soll.' Ich habe ihm erklärt, dass ich noch der Alte bin, trotz Demenz. Und dass ich auch die Leute weiterhin erkenne und nicht heulend zuhause herumsitze. Da hat er es kapiert." Es ist wie schon bei der Kölner Freundin: Wo die Personen Anteil nehmen, festigen sich Freundschaften und Bekanntschaften. Und ab und an hilft Beni in seiner direkten Art der Entwicklung von Verständnis eben ein wenig nach. Beni pflegt die Beziehung zu Freunden, zu denen viele alte Kolleginnen zählen, durch telefonischen Kontakt von zuhause aus und trifft sich immer wieder mit einzelnen in Basel auf einen Kaffee oder ein Eis.

Abbildung 9-1: Freunde treffen in Köln

Dijana Tadic kennt Beni und Rolf schon lange. Als sie zwanzigjährig aus Bosnien in die Schweiz kommt, kann sie wegen fehlender Sprachkenntnisse nicht in ihrem erlernten Beruf als Verkäuferin arbeiten, sondern muss putzen gehen. Irgendwann läuft ihr Beni über den Weg. Sie spricht ihn an und klagt ihm ihr Leid. Beni lädt sie zu einem Probetag in das Schuhgeschäft ein, das er leitet. Statt einen ganzen Tag, kann Dijana nur einige Stunden dort probearbeiten. Doch auch ohne richtige Deutschkenntnisse verkauft sie in dieser Zeit überdurchschnittlich viel Ware. Beni und eine in der Hierarchie noch höher angesiedelte Chefin sind beeindruckt. Einige Tage später machen sie ihr das Angebot, am 1. Januar in dem Betrieb anzufangen. Die junge Frau ist hocherfreut. Dennoch kommt ihr der Termin ungelegen, da sie am 7. Januar zum bosnischen Weihnachtsfest bei ihrer Großmutter sein möchte. Beni kommt ihr entgegen: Sie kann auch am 15. Januar ihre Arbeitsstelle antreten. Aber dann fehlt ihr ja der Lohn von zwei Wochen, den sie dringend benötigt, merkt Dijana an. Jemand anderes hätte in dieser Situation vermutlich zu der jungen Frau Adieu gesagt. Nicht aber Beni! „Dann nehmen Sie eben gleich zu Beginn schon zwei Wochen bezahlten Urlaub." Mit diesem großherzigen Chef wird Dijana noch viele Jahre zusammenarbeiten. Es entsteht eine Freundschaft, die bis heute Bestand hat.
Beni und auch Rolf unterstützen Dijana mehrfach in schwierigen Situationen. Als sie das Geld für ein betriebliches Weihnachtsessen, fast siebzig Franken, nicht aufbringen kann, springen Beni und Rolf ein. Als Dijana mit einer Freundin ihren Geburtstag in Berlin feiert, überbringt ein Hotelbediensteter ein Überraschungsgeschenk: Champagner und Kuchen. Auftraggeber sind Beni und Rolf. „Herr Steinauer weiß ganz viel über mich, wir haben immer viel geredet", berichtet Dijana Tadic. „Als er mir von seiner Demenzdiagnose erzählt hat, bin ich mit ihm lange im Wald spazieren gegangen und habe geheult. Aber ich finde es toll, wie er mit all dem umgeht." Die beiden telefonieren regelmäßig miteinander und treffen sich ab und an zu Spaziergängen. Zwischen den beiden stimmt die Chemie. Beide verbindet die offene und optimistische Art, mit der sie auf die Welt schauen und sich auf das Leben einlassen. Und der Humor. Wenn sie zusammen sind, geht das niemals ohne Spaß und Lachen ab. Selbst dann, wenn es gar nicht so viel zu lachen gibt. Immer wenn Dijana im Internet oder in Zeitschriften auf etwas stößt, das bei Demenz hilfreich sein soll, schickt sie Beni sofort eine Nachricht. So, wie sich Beni und Rolf immer um sie gekümmert haben, wenn sie Unterstützung brauchte, ist sie heute für Beni da.

Alte und gewachsene Freundschaften werden durch die Demenzerkrankung einer Person auf ihre Belastungsfähigkeit geprüft. Doch geht es nicht allein um alte Beziehungen. „Bei uns haben sich vielmehr auch neue Freundschaften entwickelt. So zum Beispiel über das Chorprojekt, über die Demenz Meets in Zürich und in Wien und über weitere Aktivitäten und Begegnungen mit anderen Menschen. Das ist doch eine tolle Sache! Da war dieses Gefühl am Anfang, also nach der Diagnose, dass man ganz alleine auf der Welt und verloren ist. Man weiß nicht, wie es weitergehen soll. Und dann entstehen im Lauf der Zeit neue Kontakte und auch Freundschaften zu Menschen, die man vorher gar nicht kannte, viele davon in der gleichen Situation wie man selbst. Da ist ein großer Wunsch von uns in Erfüllung gegangen. Der Wunsch, nicht allein zu sein.“

10.
Die Eltern wiedersehen! – Spiritualität, Glaube und Tod

Wir stellen die Frage falsch, wenn wir sagen:
„Was geschieht nach dem Tod?"
Wenn wir über die Zukunft sprechen, reden wir über Zeit,
aber mit dem Tod lassen wir die Zeit hinter uns.
(Leo Tolstoi)

Dass Menschen sich der Auseinandersetzung mit dem Tod verweigern, kann Beni nicht verstehen. „Wir müssen alle irgendwann einmal sterben. Das weiß doch jeder. Warum haben viele Menschen dann aber Angst, darüber nachzudenken und zu sprechen?"

Beni weiß aus eigener Erfahrung, wie schwer das Sterben bei einem Menschen verlaufen kann. So ist es damals bei seiner Mutter gewesen. Aber das darf niemanden seiner Meinung nach daran hindern, sich zu Lebzeiten mit der Frage nach dem Tod auseinanderzusetzen. Wie man sterben wird, weiß niemand, dass man sterben wird, weiß hingegen jeder! Beni geht fast schon locker mit dem Tod um. Seinem Arzt hat er eine klare Ansage gemacht. „Dass ich nur noch acht bis zehn Jahre zu leben haben soll, weil ich eine Lewy-Body-Demenz habe, das können Sie gleich einmal vergessen! Ich habe vor, noch mindestens zwanzig Jahre mit meinem Mann zu verbringen." Rolf und Beni wissen, dass medizinische Lehrbuchangaben zur Lebenserwartung bei einer bestimmten Diagnose für die konkrete Person gar nichts besagen, dass sie aber oftmals sehr fatale Wirkungen haben können. Nämlich dann, wenn der betroffene Mensch oder eine ihm nahestehende Person sie für bare Münze nimmt und daraufhin jeglichen Mut verliert.

Ist mit dem Tod alles zu Ende oder folgt noch etwas? „Hmh", denkt Rolf bei dieser Frage. „Ich hoffe, dass es nach dem Tod noch was gibt. Ich hoffe es sehr! Ich hoffe, dass da nur schöne Dinge kommen, aber ich weiß es nicht. Ich bin manchmal so schrecklich nüchtern, denke dann, mit dem Tod ist alles vorbei. Aber ich weiß es nicht." Er ist skeptisch, auch wenn er sich als evangelischen Christen sieht, allerdings keinen mit Kirchenmitgliedschaft. Der Kirche hat er schon in jungen Jahren den Rücken gekehrt. „Um ein Christ zu sein, muss ich nicht Kirchensteuer zahlen. Und mich hat auch der Umgang der Kirche mit Themen wie Homosexualität gestört." Das gilt mit Blick auf den Umgang mit homosexuellen Paaren noch einmal mehr für Beni, der ebenfalls vor langer Zeit aus der Kirche ausgetreten ist, aus der katholischen. Aber anders als Rolf hegt er keinen Zweifel, dass nach dem Tod noch etwas auf uns wartet. „Da werde ich dann meine Eltern wiedersehen."

Tiefe Nacht. Beni wacht auf und schaut auf den Wecker. Es ist drei Uhr. Die Tür zum Schlafzimmer ist geöffnet. Im Türrahmen steht seine Mutter. „Komm", bedeutet sie ihm mit der Hand. Beni freut sich, die Mutter zu sehen. Doch er schüttelt den Kopf.
„Mama, bitte geh! Es ist noch zu früh. Du kannst mich noch nicht holen. Bitte geh!" Die Mutter lächelt, dreht sich um und verlässt das Zimmer.
Einige Tage später wiederholt sich diese Szene. Nur ist es dieses Mal der Vater, der ins Zimmer eintreten möchte und Beni auffordert, ihm zu folgen. „Vater, hat Mama dir denn nichts gesagt? Es ist noch viel zu früh. Bitte kommt nicht mehr. Ihr könnt mich irgendwann später einmal abholen, wenn der richtige Zeitpunkt da ist. Aber nicht jetzt."

Warum wollten die Mutter und der Vater zu nachtschlafender Zeit Beni abholen? Und wohin? Wohl kaum zu einem vorgezogenen Frühstück oder einem Spaziergang im Morgengrauen. Denn beide Elternteile sind bereits seit vielen Jahren tot. Und Beni ist kein Kind mehr, sondern ein erwachsener Mann. Beni berichtet von dieser Episode ohne Scheu. „Wer will, kann mich ja für verrückt halten. Aber ich weiß, dass meine Eltern da waren. Meine Mutter hatte mir Jahre zuvor ohnehin angekündigt, dass sie mich nach ihrem Tod besuchen würde. Das hat sie dann auch getan."

Die Eltern sind für Beni auch heute noch sehr präsent. Wenn er alleine zuhause in seinem Sessel sitzt und nachdenkt, beginnt er manchmal ein Gespräch mit ihnen. Und wenn er Unterstützung braucht, spricht er auch mit ihnen. „Wenn ich mein Portemonnaie nicht mehr finde, dann rede ich mit ihnen, ich sage: ‚Helft mir jetzt, Mama, Vater!' Nach zehn Minuten habe ich es wieder."

Rolf erinnert sich an eine Begebenheit während einer Bahnfahrt. „Ich hatte meinen Koffer verloren, wie auch immer das geschehen sein mag. Das war eine ganz blöde Situation. Plötzlich bemerke ich, dass Beni mit irgendwem da oben ins Zwiegespräch geht. Kurze Zeit später hatte ich meinen Koffer zurück." Der, den Beni in dieser Situation um Hilfe gebeten hatte, war aber nicht seine Mutter oder sein Vater. Es war Rolfs Vater! „Den habe ich auch sehr geliebt! Das ist ein ganz toller Mensch gewesen", erklärt Beni. Alles Unfug? Für Beni nicht. Zu oft hat er in seinem Leben bereits Erfahrungen gemacht, die für ihn belegen, dass es mehr zwischen Himmel und Erde gibt, als sich der Normalbürger vorstellen kann.

„Vor ganz vielen Jahren war ich bei einem Wahrsager, dem besten in Zürich. Der kannte mich natürlich nicht. Ich habe ihm ein Foto von meinen Eltern gezeigt. ‚Darf ich Sie etwas fragen?' hat er zu mir gesagt. ‚Kann es sein, dass ihrer Mutter heute einige Gliedmaßen fehlen?' Das stimmte! Meiner Mutter waren vor ihrem Tod beide Beine und ein Arm amputiert worden. Aber auf dem alten Foto war sie ja noch kerngesund und unversehrt zu sehen. Dann habe ich noch ein Foto meines damaligen Freundes gezeigt. Er meinte: ‚Den werden Sie verlassen. Dann kommt ein anderer, aber auch das wird nicht die große Liebe sein. Doch es wird danach noch jemand kommen, ein großer Blonder. Und der wird es sein!' Alles ist so gekommen, wie er es vorausgesagt hat. Und der große Blonde, das war Rolf." Beni kann noch mehr solche Situationen berichten. „Irgendwann bin ich in den Urlaub gefahren. Meine damals ja sehr kranke Mutter hat geweint und ich habe gesagt: ‚Wir sehen uns doch in ein paar Tagen wieder!' Sie hat nur mit dem Kopf geschüttelt. Ein paar Tage später liege ich in Gran Canaria am Strand. Und urplötzlich habe ich es gespürt, dass meine Mutter grade gestorben ist. Ich habe zu meinem Freund gesagt: Wir müssen nach Hause. Meine Mutter ist gestorben. Und genau so war es."

Anhaltende optische Halluzinationen werden als ein Hauptsymptom der Lewy-Body-Demenz definiert. Das spielt bei Beni jedoch kaum eine Rolle. „Die Ärzte haben von Anfang an immer so komische Dinge gefragt. Ob Beni halluziniere und ob er im Schlaf um sich schlage. Das hat mich echt genervt. Nein, er schlägt nicht um sich, habe ich immer gesagt. Und Halluzinationen waren vielleicht ganz leicht anfangs mal da, das hat sich aber schnell gebessert und spielt heute eigentlich keine Rolle mehr", sagt Rolf. Die Mutter und der Vater im Schlafzimmer, die ihren Sohn holen wollen: Das haben Beni und Rolf irgendwann der Demenz zugeschrieben. Auch die ‚bösen' Gestalten, die kurzzeitig einmal Beni nachts besucht haben und neben seinem Bett standen.

Aber dass Beni schon immer mit seinen verstorbenen Eltern spricht, beim Wahrsager lauter zutreffende Aussagen erhält oder ihm in jungen Jahren auch

Abbildung 10-1: Spiritualität

schon einmal ein ebenfalls bereits verstorbener Onkel begegnet ist, dass passt nicht in dieses Erklärungsschema.

„Beni ist schon ein spiritueller Mensch, das kann man so sagen", berichtet Rolf. „Das finde ich auch gut. Ich selbst würde mich eher nicht so einordnen. Ich spreche nicht mit meinem toten Vater. Ich habe in diesem Sinne auch noch nie eine spirituelle Erfahrung gemacht. Ich weiß, dass mein Vater an seinem Todestag morgens um achtzehn Minuten nach sechs gestorben ist. Und ich weiß zufällig auch genau, was ich an diesem Morgen um achtzehn Minuten nach sechs gemacht habe. Aber anders als Beni habe ich da überhaupt nichts gespürt, ich habe keine Eingebung gehabt, kein Zusammenzucken, wo ich gedacht hätte: Irgendwas stimmt jetzt nicht! Ich habe nichts gemerkt, null! Ja, das ist halt so." Als der damals noch jugendliche Beni seinen kurz zuvor verstorbenen geliebten Onkel nachts sieht, der ihm etwas sagen will, vertraut er sich dem Leiter des Internats an, in dem er sich gerade aufhält. Von ihm lernt er zweierlei: dass es Dinge gibt, die man sich nicht erklären kann, die aber dennoch durchaus real sein können. Und dass man damit umgehen kann. Er gibt ihm den Rat, den Onkel beim nächsten Mal, wenn dieser erscheint, einfach anzusprechen. Beni folgt dem Rat und der

Onkel zieht sich zurück. „Darum habe ich auch gar keine Angst vor solchen Dingen. Ich kann sie ja steuern. Mit meinem Kopf. Meine Eltern gehen wieder, wenn ich sie dazu auffordere. Und das klappt auch sonst.“ Beni hat nicht nur keine Angst, er freut sich auch, wenn er seiner Mutter begegnet. „Wer kann schon seine verstorbene Mutter wiedersehen und mit ihr sprechen?! Rolf sieht ebenfalls, dass diese Erfahrungen für Beni gut und bedeutsam sind. Oft, wenn er abends nach Hause kommt, berichtet Beni ihm von den Gesprächen, die er auf dem Balkon mit seinen Eltern geführt hat. Rolf nimmt das ernst und hört aufmerksam zu. Dass er selbst keine spirituelle Ader hat, finden beide nicht tragisch. Aber eines ist ihm wichtig, noch einmal zu betonen. „Die Halluzinationen, von denen die Ärzte immer gesprochen haben und die so zentral für eine Lewy-Body-Demenz (s. S. 13) sein sollen, die hat Beni eigentlich kaum und nur anfangs gehabt. Die sind heute mehr ein bisschen in Träume übergegangen, in sehr lebhafte Träume. Wenn man morgens so aufwacht, dann fragt man ja: Hast du gut geschlafen? Dann antwortet Beni mir immer als Erstes: Ja! Wieder allen möglichen Mist zusammengeträumt. Er weiß sie ganz genau. Aber es sind keine wilden Träume, in denen er um sich schlägt, wie es die Ärzte immer wissen wollten. Nein, es sind einfach Träume, an die er sich sehr gut erinnern kann.“

Gut zu wissen! – Halluzinationen

Beni berichtet über Wahrnehmungen, die er in der Vergangenheit ab und an hatte, und die man gemeinhin als Halluzinationen bezeichnet. So beispielsweise, dass eines Nachts seine längt verstorbene Mutter im Türrahmen des Schlafzimmers stand und ihm zugewinkt hat. Ist Beni verrückt? „Nein“, sagt er klar und lacht dabei. „Ich bin zwar dement, aber nicht verrückt!“

Viele Menschen denken, dass eine Halluzination dasselbe sei wie eine Wahnvorstellung. Das aber ist falsch. Von einer Wahnvorstellung würde man sprechen, wenn eine Person etwas sieht, hört oder riecht, was auch andere Personen wahrnehmen, es aber völlig anders, nämlich wahnhaft, interpretiert. Dann ist die Wolke am Himmel nicht einfach eine Wolke, sondern ein Gefährt, mit dem böse Mächte die Person bespitzeln und verfolgen. Oder das Hupen eines Autos stellt ein Signal der vermeintlichen Verfolger dar, die Person ergreifen und verschleppen wollen.

Ebenso kann es bei manchen Menschen zu einer Illusion kommen. Dann wird etwas, was auch andere wahrnehmen können, verändert wahrgenommen. Beispielsweise scheint sich die Steinmauer am Feldweg plötzlich zu bewegen.

Eine Halluzination darf jedoch nicht mit einer Illusion oder einer wahnhaften Vorstellung verwechselt werden. Bei der Halluzination ist es so, dass von einer Person etwas wahrgenommen wird, was physikalisch nicht nachweisbar ist. Wäre Rolf in der besagten Nacht wach geworden und hätte versucht, den Körper von Benis Mutter zu berühren, hätte er vermutlich nichts gespürt. Er hätte sie weder gesehen noch wäre der Schall ihrer Stimme an sein Ohr gedrungen. Was für Beni in dieser Situation real war, hätte Rolf über seine Sinnesorgane nicht nachvollziehen können. Nicht gesehen, nicht gehört, nicht gespürt. Halluzinationen können unterschiedliche Sinnesgebiete betreffen. Sehen, Hören, Fühlen, aber auch Riechen und Schmecken sind gemeint. Medizin und gängige Wissenschaft machen Erklärungsversuche. Psychische Störungen, vor allem Psychosen, können demnach ursächlich sein. Oder Rauschmittel. Sowohl, wenn man sie konsumiert, als auch dann, wenn sie einem entzogen werden. Viele Menschen werden das vermutlich im Zusammenhang mit Alkoholgenuss selbst schon einmal erlebt haben. Einige werden vielleicht über Erfahrungen mit Halluzinogenen verfügen. Beim Konsum solcher Substanzen geht es darum, einen veränderten Bewusstseinszustand herbeizuführen. Und wie der Name bereits besagt, rufen Halluzinogene Halluzinationen hervor. Aber auch massiver Schlafentzug kann zu diesem Phänomen führen.

Veränderungen im Gehirn werden manchmal als Ursache für Halluzinationen genannt und bei der Diagnose Lewy-Body-Demenz zählen sie zu den Kernsymptomen. Beni hat zwar eine Lewy-Body-Diagnose (s. S. 13) erhalten, Halluzinationen spielen bei ihm jedoch schon lange keine bedeutende Rolle mehr. Rolf sagt: „Die Halluzinationen, von denen die Ärzte immer gesprochen haben und die so zentral für eine Lewy-Body-Demenz sein sollen, die hat Beni eigentlich kaum und nur anfangs gehabt. Die sind heute mehr ein bisschen in Träume übergegangen, in sehr lebhafte Träume." Ohne sich dessen bewusst zu sein, hat Rolf hier eine Anknüpfung zu der eigentlichen lateinischen Wortbedeutung des Begriffs Halluzination geschaffen. Denn alucinati bedeutet nichts weiter als ‚Träumerei'. Psychisch vollkommen gesunde Menschen kennen oftmals die optischen oder akustischen Sinnestäuschungen im Halbschlaf vor dem Übergang in den tiefen Schlafmodus. Sie stellen etwas ganz Normales dar, ebenso wie das auf Halluzinationen zutrifft, die im Zustand der Meditation erfahren werden können. Von der Meditation führen die Überlegungen weiter zum Thema der Spiritualität und der spirituellen Erfahrung. Beni begreift und erlebt sich als spiritueller Mensch.

Gut zu wissen! – Spiritualität

Beni bezeichnet sich als einen spirituellen Menschen. So, wie viele Menschen den Begriff „Halluzination " unzutreffenderweise mit ‚verrückt' verbinden, assoziieren andere das Wort „Spiritualität " sogleich mit merkwürdigen Praktiken, Aberglauben und esoterischen Heilslehren. Mit nichts davon hat Spiritualität jedoch zu tun. In der lateinischen Sprache heißt atmen *spirare*. Und Geist heißt *spiritus*. Hieraus leitet sich der Begriff „Spiritualität" ab.

Religiös sind Beni und Rolf nicht. Zumindest dann nicht, wenn man darunter versteht, dass eine Person ihr Leben auf eine Religion hin ausrichtet. Beide sind vor langer Zeit aus der Kirche ausgetreten. Rolf würde sich zwar immer noch einen evangelischen Christen nennen, die Orientierung der beiden Männer an einer Religion ist jedoch eher schwach ausgeprägt. Doch auch wenn es anders wäre: Spiritualität und Religion können ohnehin nicht gleichgesetzt werden. Man kann sich ohne Weiteres einer Religion und Kirche zugehörig fühlen, ohne spirituell zu sein. Und wer spirituell fühlt und lebt, braucht dazu nicht zwingend eine Religion und eine Kirche.

Spiritualität geht davon aus, dass es eine höhere Wirklichkeit gibt, als die, die wir alltäglich mit unseren Sinnen erfahren, anfassen, sehen oder zergliedern können. Die auch nicht mit den beschränkten Mitteln der Vernunft, der Logik und der Wissenschaften zu erfassen ist. Kurzum: Die materielle Welt ist in diesem Verständnis nicht alles. Es gibt eine dahinterliegende transzendente Wirklichkeit, die in allem ist und die alles durchdringt. Man kann sie wahlweise das Göttliche, die Leere, Alles, das Universum oder auch anders nennen. Die Grenzen zwischen der materiellen und der transzendenten Wirklichkeit sind durchlässig. Der spirituelle Mensch kann also Erfahrungen machen, die jenseits der Alltagserfahrungen liegen. Er erlebt sich nicht als ein Wesen, das von anderen Menschen, Tieren und sonstigen Phänomenen der Welt abgetrennt ist. Die spirituelle Erfahrung ist eine Erfahrung der allumfassenden Verbundenheit mit allem Lebendigen in einer durch Sinn geprägten Welt. Dabei geht es nicht um gedankliche Erkenntnisse, logische Herleitungen oder um das Sprechen darüber. Letzteres wird ohnehin zum Scheitern verurteilt sein. Es geht um höchstpersönliche Zustände und Erfahrungen, die für den, der sie erlebt, von großer Bedeutsamkeit sind. Eine andere Person wird sie nicht nachvollziehen können und sie können ihr auch nicht auf dem Weg der Sprache oder des logischen Beweises von der spirituell erlebenden Person nahegebracht werden.

Für Beni ist es selbstverständlich, dass er Kontakt zu seinen Eltern hat, auch wenn diese in der materiellen Welt bereits Jahre zuvor gestorben sind, und dass er sie nach seinem Tod wiedertreffen wird. Er kommuniziert mit den Vögeln, die sich bei ihm auf dem Balkon niederlassen und er betrachtet den Gedanken, dass ein spezieller Mensch, ein Wahrsager, in die Zukunft schauen kann, für vollkommen realistisch. Sein Leben hat ihm schließlich gezeigt, dass es so ist.

Rolf hingegen steht spirituellen Erfahrungen skeptisch gegenüber, beziehungsweise hat selbst bisher keine solchen Erfahrungen gemacht. Gleichwohl akzeptiert er die spirituelle Haltung seines Ehemanns und nimmt sie ernst. Spirituell lebende Menschen erfahren, dass es einen Sinn gibt, der hinter allen Dingen steht. Selbst dann, wenn dieser nicht sofort verstanden wird oder sich eventuell sogar dauerhaft verschließt. Das kann eine oder es kann die Basis dafür sein, auch bei schweren Schicksalsschlägen wie einer Krankheit nicht den Mut aufzugeben, sondern sich der Herausforderung zu stellen, sein Leben neu auszurichten.

11.
Schwierige Themen – Sich mit Trauer, Sorgen und Vorsorge auseinandersetzen

Die meisten Menschen wenden mehr Zeit und Kraft daran,
um die Probleme herumzureden, als sie anzupacken.
(Henry Ford)

Drei Uhr morgens. Rolf wälzt sich unruhig im Bett herum. Er kann nicht richtig schlafen, ihm gehen zu viele Gedanken durch den Kopf. Eigentlich muss er in wenigen Stunden fit sein, er hat an diesem Tag eine Reihe wichtiger Termine im Betrieb. Vermutlich wird er vollkommen unausgeschlafen sein. Aber was soll er tun? Die dunklen Gedanken und Sorgen, die in seinem Kopf herumtanzen, lassen sich nicht einfach vertreiben. Plötzlich muss er weinen. Hoffentlich weckt er Beni nicht auf.

„Viele Menschen finden es toll, wie wir mit unserer Situation umgehen", sagt Rolf. „Dass wir unser Leben genießen, versuchen, das Beste daraus zu machen, unsere gemeinsame Zeit möglichst gut zu nutzen. Dass wir uns nicht verkriechen, sondern hinausgehen, über alles mit anderen und in der Öffentlichkeit reden. Ich bin froh, dass Beni ein solch positiv eingestellter Mensch ist. Das gibt uns Kraft und wenn mich Zweifel überkommen, dann ist es Beni, der mich mit seiner Art aufrichtet." Beni pflichtet seinem Mann bei.

„Ja, es hilft ja nichts, wenn man sich hängen lässt. Aber das heißt nicht, dass alles immer Friede, Freude, Eierkuchen ist. Oft kann man sich dennoch gegen dunkle Gedanken nicht wehren. Oder ist traurig. Auch verzweifelt." Es gilt, positiv denkend zu bleiben, aber Weinen und Trauer sind dennoch unvermeidlich und erlaubt. So könnte man die Haltung der beiden Männer auf den Punkt bringen. Beni berichtet, dass auch in der Selbsthilfegruppe, die er besucht, oft geweint wird, wenn man sich gegenseitig über sein Leid berichtet. Oder dass er, wenn er allein in der Wohnung ist und nachdenkt, in Tränen ausbricht. Auch wenn er es besser weiß, kann er manchmal den Gedanken nicht abwehren, dass er seinem Mann eine Last sein könnte. Das bedrückt ihn, lässt ihn in diesem Moment unglücklich sein. Oder er weint aus Wut. Zum Beispiel, wenn es ihm wieder einmal nicht gelingen will, den Pullover über den Kopf zu ziehen oder den Gürtel an seiner Hose zu schließen. Dann kann man auch einen laut fluchenden Beni kennenlernen. Immer wieder steigen in ihm auch die Trauer um seine verstorbene Mutter und der Gedanke an die Umstände ihres Todes auf. „Warum nur musste sie so elendig zugrunde gehen?"

Beni weiß, dass auf ihn und Rolf noch schwierigere Zeiten zukommen werden. Was, wenn seine körperlichen Fähigkeiten sich weiter verschlechtern? Wenn er, der gesellige Menschenfreund, nicht mehr alleine nach Basel fahren und sich mit Freunden treffen kann? Wenn ihm die bereits jetzt oft nicht mehr einfallenden Worte immer schwerer über die Lippen kommen sollten? Wenn er die Helferin der Diakoniestation, die ihn zwei Mal in der Woche unterstützt, nicht nur ein paar Minuten, sondern deutlich intensiver benötigt als heute? Schwierige Gedanken. Rolf kennt sie natürlich genauso wie Beni. Noch funktioniert es, dass er einen Vollzeitberuf ausübt. Benis Selbständigkeit lässt das aktuell noch zu. Aber immer häufiger denkt er darüber nach, was wäre, wenn es hier zu gravierenden Veränderungen käme. Das Geld, das Rolf verdient, wird benötigt. Und bis zur Rente hat er locker noch zehn Jahre vor sich. Im Moment bekommt er alles noch unter einen Hut, die Arbeit und das, was er zu Hause leisten muss. Wie werden die Vorgesetzten reagieren, wenn er einmal mehr als heute durch seine häusliche Situation gefordert sein sollte? Verständlich, dass er bei solchen Gedanken auch schon einmal schlecht träumt und schläft.

Flurina Manz, bei der er nach der Diagnose von Beni Rat geholt hat, erinnert sich: „Für ihn wäre wirklich das Schlimmste, das hat er schon damals gesagt, wenn er alleine zurückbliebe."

Rolf bestätigt, dass ihn dieser Gedanke oftmals umtreibt. „Ich habe ja keine große Familie, nur meine über achtzigjährige Mutter. Der Gedanke, dass ich eines Tages einmal ganz alleine dastehe, macht mir schon Angst."

Und dann sind da noch die Widrigkeiten des täglichen Lebens, wie zum Beispiel Auseinandersetzungen mit Behörden. „Ganz aktuell: Wir haben eine Reha-Maßnahme in Bad Aibling beantragt. Die haben dort ein jahrelang bewährtes Therapiekonzept für Demenzbetroffene und ihre Angehörigen. Unser Antrag wurde von der Krankenkasse aber mit Begründungen abgelehnt, die wir beim besten Willen nicht nachvollziehen können. Wir sollten erst einmal andere Maßnahmen ausschöpfen, dann würde es sicherlich zu einer Verbesserung des Krankheitsbildes kommen und dann könnte man ja noch einmal schauen. Wir haben denen zurückgeschrieben, ob sie sich überhaupt mit Demenz auskennen. Welche anderen Maßnahmen bitte schön sollen wir denn ausschöpfen? Und glauben die wirklich, dass es langfristig zu einer Besserung kommt? In der Reha würde es ja darum gehen, gemeinsam zu lernen, besser mit der Situation umzugehen, auch wenn sich Fähigkeiten verschlechtern sollten. Und so eine Reha-Maßnahme sollte am Anfang und nicht am Ende einer Maßnahmenkette stehen." Eine Erfahrung wie die Ablehnung der Rehabilitationsmaßnahme kann zermürben und enttäuschen, wenn man wie Beni und Rolf bemüht ist, sich nicht hängen zu lassen, sondern aktiv etwas zur Verbesserung der Situation zu unternehmen. Doch die beiden wollen sich nicht zermürben lassen. Widerspruch gegen die Ablehnung der Krankenkasse haben sie natürlich eingelegt. Und tatsächlich ist ihrem Widerspruch letztendlich stattgegeben worden. Es lohnt sich, nicht alles kampflos hinzunehmen.

Vorsorgen

Wo von Sorgen die Rede ist, geht es auch um Vorsorge. Ein Thema, dem sich die beiden Männer früh zugewandt haben. Schon vor der Demenzdiagnose haben beide eine Patientenverfügung aufgesetzt und andere im Ernstfall wichtige formale Dinge geregelt. „Das sollten ja alle tun, die miteinander leben", meint Beni. „Das hat ja nicht nur mit Demenz zu tun."

Die Bedeutung von vorsorgenden Regelungen hat Rolf bereits früh am Beispiel seiner Eltern erlebt. „Es ist schon einige Jahre her, mein Vater lebte damals noch. Meine Eltern wollten mit mir zur Bank fahren, um mir eine Vollmacht für ihr Konto einzurichten. Sie seien schließlich auch nicht mehr die Jüngsten, meinten sie. Der Bankangestellte sagte: ‚Sie wissen aber, das ist nur eine Vollmacht zu Ihren Lebzeiten, wenn Sie sterben würden, erlischt diese Vollmacht. Das muss Ihnen bewusst sein. Also diese Vollmacht ersetzt nicht ein Testament zum Beispiel.' Nein, wussten wir nicht! Ich habe meine Eltern dann gedrängt, ein Testament aufzusetzen. Als mein Vater dann einige Jahre später starb und ich mit meiner Mutter alle Behördengänge machte, da war überall die erste Frage: ‚Existiert ein Testament?' Gut, dass wir das dann auch hatten." Ein Testament haben Rolf und Beni auch aufgesetzt. Und eine Patientenverfügung. „Ich wollte unbedingt, dass wir so etwas machen", berichtet Beni. „Nicht nur mir, auch Rolf kann ja etwas zustoßen. Die Verfügung ist beim Notar hinterlegt. Wir haben einen kleinen Schlüsselanhänger, da stehen die ganzen Daten als Barcode drauf. Im Ernstfall muss man das nur scannen, egal wo man grad auf der Welt ist, und dann können die hinterlegten Informationen abgerufen werden."

Es gibt viele Situationen, die zu bedenken sind. So beispielsweise die, dass man sich im Dauerkoma befindet, ohne Aussicht auf Heilung und nur noch durch Maschinen am Leben erhalten wird. Das wollen beide auf keinen Fall. „Nur noch als Körper an Maschinen hängen, das wollen wir uns gar nicht vorstellen. In diesem Fall sollen keine lebensverlängernden Maßnahmen ergriffen werden. Was uns wichtig ist: Wenn Beni oder ich, also derjenige, der todkrank ist, keine Nahrung mehr aufnehmen will, dann soll man uns auch nicht zwangsernähren. Dann soll man uns einfach in Ruhe lassen. Man weiß ja, dass solch eine Nahrungsverweigerung oft die Vorbereitung des Körpers auf den Tod ist. Dann fährt der Körper runter. Da stellt sich natürlich ein Flüssigkeitsmangel ein und auch ein Mangel im Stoffwechselhaushalt, aber das senkt ja auch dein Schmerzempfinden. Der Körper hat kein Schmerzempfinden mehr, wenn er kurz vor dem Austrocknen ist. Das ist ein Selbstschutz des Körpers."

Wer entscheidet, was in einer solchen Situation zu tun ist? „Mir waren zwei Dinge ganz wichtig: Ich möchte in den Armen von Rolf einschlafen und ich möchte, dass er die letztendlichen Entscheidungen trifft, wenn ich dazu nicht mehr in der Lage bin." Das haben beide gegenseitig in der Patientenverfügung festgelegt. „Das ist uns ganz wichtig, aber natürlich habe ich auch Angst davor, tatsächlich in eine Situation zu kommen, wo ich die Entscheidung über das Leben von Beni treffen muss. Wie soll man dann entscheiden? Wir wissen jetzt, was wir wollen – was wir heute wollen. Aber wie sieht das aus, wenn der Ernstfall tatsächlich eintrifft? Es könnte ja sein, dass ich mir dann sage: Für Beni ist es vermutlich besser, wenn die Maschinen abgestellt werden. Aber ich bin auch egoistisch, ich will, dass mein Partner möglichst lange leben bleibt. Wie würde er das in dieser Situation sehen oder wie sieht er das, auch wenn er es nicht mehr ausdrücken kann?“ Rolf erinnert sich an seine Großmutter. Zeit ihres Lebens hat sie gesagt: „Alles andere, aber bitte niemals Krebs!“ Mit Krebs wollte sie niemals leben. Als sie daran später jedoch tatsächlich erkrankte, war der Wille weiterzuleben dennoch stärker. Auch wenn er sich letztendlich nicht durchsetzen konnte. Beide Männer wissen, dass ihre Vereinbarung, die den jeweils anderen zum Entscheider über Leben oder Tod macht, eine große Verantwortung beinhaltet. Aber sie ist ihnen dennoch wichtig. Denn sie basiert auf dem großen Vertrauen, dass sie ineinander haben.

Wie wohnen?

Vorsorge sollte nicht allein mit Blick auf eine lebensbedrohliche Situation oder den Todesfall betrachtet werden. Schließlich geht es vor allem darum, das Leben zu gestalten, mag sich das auch durch die Erkrankung nachhaltig verändern. Noch funktioniert das Wohn- und Lebenskonzept von Beni und Rolf: die gemeinsame Wohnung, der gemeinsame Haushalt, der Alltag als Berufstätiger bei Rolf und der Alltag als Rentner mit einer Demenzdiagnose bei Beni. Vielleicht kann dieses Konstrukt noch viele Jahre aufrechterhalten werden. Vielleicht aber auch nicht. So könnte es sein, dass die momentan noch sehr geringe externe Unterstützung durch die Diakoniestation langfristig ausgebaut werden muss. Oder es müssen weitere externe Hilfen einbezogen werden. Denkbar ist auch, dass Rolf seine Arbeit reduziert. Doch ist das realistisch? Vielleicht sollte oder müsste aber auch ein neues Wohnmodell angedacht werden. Ist ein Heim eine denkbare Möglichkeit für die beiden? „Nein, auf keinen Fall!“, sagt Beni. „Ein Heim, da müsste ich ja meine Selbständigkeit zu sehr aufgeben. Das wäre nichts für mich.“

Auch Rolf sieht das so. Beiden ist noch gut in Erinnerung, wie es einem Bekannten ergangen ist, der freiwillig ins Heim eingezogen ist. Eigentlich war er noch recht fit, konnte selbständig spazieren gehen und sich mit vielen Dingen beschäftigen. Nur, dass es allein zuhause dann doch nicht mehr ganz klappen wollte. Der Mann hatte das Pech, dass kurz nach seinem Einzug die Coronakrise ausbrach und die Pflegeheime zu abgeschotteten Bunkern wurden, in denen es kein Hinein und kein Heraus mehr gab. Für einen geistig und körperlich halbwegs regen Menschen die pure Qual und ein Gefühl wie im Gefängnis. Doch auch unabhängig von den Corona-Einschränkungen erlebte der Bekannte das Pflegeheim als einen Ort, in dem er ein Fremdkörper war und in den er nicht gehörte. Er verließ das Pflegeheim wieder. Heute lebt er mit Unterstützung einer osteuropäischen Betreuungskraft in der eigenen Wohnung und freut sich des Lebens.

Andere Wohnformen als die eigene Wohnung oder eben ein Pflegeheim kennen Rolf und Beni nicht. Von ambulant betreuten Wohngemeinschaften haben sie nur einmal am Rande gehört. Intergenerative Wohnprojekte kennen sie nur vom Hörensagen. Aber es ist beiden klar, dass sie sich einmal mit diesen und weiteren Optionen auseinandersetzen sollten.

Im Hier und Jetzt leben

Beni hat vor vielen Jahren schon einmal die Dienste eines Wahrsagers in Anspruch genommen, der ihm die Beziehung zu einem Mann vorausgesagt hat, dessen Beschreibung exakt auf Rolf passte. Diese Wahrsagung hat sich also als zutreffend erwiesen. Würden die beiden Männer heute auch einen Wahrsager bemühen, um einen Blick in ihre Zukunft zu wagen? „Nein, auf keinen Fall!“, antworten beide wie aus der Pistole geschossen. Auf diesen Blick möchten sie gerne verzichten. Ihnen ist bewusst, dass schwere Zeiten auf sie zukommen können, aber: „Wir wollen uns nicht unser Leben durch ständige Gedanken an das, was eventuell geschehen könnte, kaputt machen. Wir leben jetzt, im Hier und Jetzt, wie es so schön heißt. Wir wollen unser Leben und unsere Beziehung genießen. Unser Motto lautet: Lass es uns heute tun! Wir wollen nichts mehr auf irgendwann verschieben, die schöne Reise oder was auch immer. Und so erfüllen wir uns bereits heute all die Wünsche, die wir eigentlich irgendwann später einmal angehen wollten, wenn auch ich in Rente gehen werde.“

„Ja, wir leben nach einem anderen Zeitplan“, stimmt Beni zu. „Wir nehmen uns die Dinge heute vor, nicht irgendwann. Denn wer weiß, was irgendwann einmal sein wird. Aber wir sind nicht naiv und tun nicht so, als ob alles immer nur gut sein wird. Ich möchte nicht, dass die Krankheit unser Leben bestimmt.“ In diesem Spagat, zwischen Vorsorge treffen für eine ungewisse Zukunft und Ausschöpfen des gegenwärtigen Moments ohne ein ständiges Gedankenkarussell im Kopf, leben sie ihr Leben.

Gut zu wissen! – Vorsorgeinstrumente

Jedem Menschen kann es widerfahren, dass er aufgrund von Krankheit, Alter oder Unfall in eine Situation kommt, in der er wichtige Angelegenheiten nicht mehr selbständig regeln, erledigen oder entscheiden kann. Jeder Mensch wird zudem irgendwann sterben. Wie leicht kann es sich dann rächen, dass wichtige Dinge nicht vorab verbindlich festgehalten worden sind. Vorsorge für solche möglichen oder im Fall des Todes definitive Situationen zu treffen, macht daher Sinn. Wichtig ist dabei natürlich, dass alle Vorsorgemaßnahmen rechtzeitig getroffen werden. Also vor dem Eintritt einer Notsituation.

Auch Beni und Rolf haben Vorsorgemaßnahmen ergriffen. Ihnen ist es dabei ergangen wie den meisten anderen Menschen auch. Sie mussten sich erst einmal orientieren und Rat einholen, um zu verstehen, welche Maßnahmen sinnvoll sind und wie sie einzuleiten sind. Oft sind zuerst einmal die Unterschiede zwischen einer Vorsorgevollmacht, einer Patientenverfügung und einem Testament nicht klar. Darum raten die beiden allen, die in dieser Hinsicht vorsorgen wollen, qualifizierte Beratung in Anspruch zu nehmen.

Vorsorgevollmacht

Mit einer Vorsorgevollmacht bevollmächtigt man eine andere Person, im Falle einer Notsituation alle anstehenden, oder auch nur bestimmte Aufgaben, für den Vollmachtgebenden zu erledigen. Die bevollmächtigte Person wird dann an dessen Stelle Entscheidungen treffen. Der oder die Bevollmächtigte sollte daher eine Person sein, der man uneingeschränkt vertraut. Die Vollmachterteilung setzt voraus, dass der Vollmachtgebende noch erfassen kann, welche Auswirkungen das Ausstellen einer Vollmacht hat. Schließlich können diese Angelegenheiten wesentliche Dinge wie zum Beispiel die Unterbringung in einer Pflegeeinrichtung oder Vermögensregelungen beinhalten. Die Vollmacht zielt auf eine Situation ab, in der der Vollmachtgebende seine Geschäfts- oder Urteilsfähigkeit verloren hat oder sich nicht mehr selbst verständlich äußern kann. Wer rechtzeitig eine Vorsorgevollmacht abgeschlossen hat, weiß, wer für ihn in einer Notsituation Entscheidungen treffen wird. Er wird beruhigt sein, weil er diese Person sorgfältig ausgewählt hat und ihr deshalb vertraut. Bei einem Menschen, der in eine Notsituation kommt, jedoch nicht rechtzeitig Vorsorge getroffen hat, wird hingegen eine gesetzliche Betreuung (Deutschland), Sachwalterschaft (Österreich) oder Beistandschaft (Schweiz) zum Tragen kommen. Die Vorsorgevollmacht (Schweiz: Vorsorgeauftrag) beugt dem vor. In der Regel dürften es nahestehende Familienangehörige sein, die als Bevollmächtigte ausgewählt und bestimmt werden.

Eigentlich sollte jeder Mensch eine Vorsorgevollmacht abschließen. Nicht irgendwann, sondern möglichst früh. Auf jeden Fall aber dann, wenn man am Anfang einer Erkrankung oder Behinderung steht, die es sehr wahrscheinlich macht, dass man zu einem späteren Zeitpunkt eine vertraute Person benötigen wird, die für einen Entscheidungen treffen muss.

Patientenverfügung

Ebenso wenig wie die Vorsorgevollmacht hat eine Patientenverfügung nur etwas mit dem Alter der Person zu tun. Vom Fahrrad fallen und eine lebensgefährliche Hirnverletzung erleiden, die einen von einer Sekunde zur anderen ins Dauerkoma katapultiert, kann jedem und zu jeder Zeit seines Lebens passieren. Dann kann es entscheidend sein, ob eine Patientenverfügung existiert oder nicht.

Mit dieser wird nämlich für eine Situation wie die des Dauerkomas nach einem Unfall eine bestimmte medizinische Behandlung vorweg abgelehnt. Möchte man in einer Situation, in der keine Besserung mehr möglich ist, künstlich am Leben gehalten werden? Oder lehnt man solche lebensverlängernden Maßnahmen ab? Welche konkreten lebensverlängernden Maßnahmen lehnt man ab? Und um welche Situationen geht es genau? All das ist zu klären. Die Erklärung soll für den Fall gelten, dass man sich nicht mehr wirksam äußern kann. Entweder, weil die sprachlichen Fähigkeiten nicht mehr zur Verfügung stehen, oder, weil die geistigen Fähigkeiten das nicht mehr zulassen.

Eine Patientenverfügung ist für Ärzte, Pflegekräfte und andere in der Notsituation eingebundene Personen verbindlich. Auch für den Betreuer (Deutschland), Sachwalter (Österreich) oder den Bevollmächtigten der Person. Diese müssen dem in der Patientenverfügung geäußerten Willen Geltung verschaffen, wenn die Festlegungen in der Patientenverfügung auf die aktuelle Situation zutreffen.

In Österreich sieht das Recht zwei Varianten vor: Die soeben ausgeführte und die Variante der beachtlichen Patientenverfügung. Ärzte und alle anderen Beteiligten müssen zwar auch hier auf den geäußerten Willen der Person schauen, sind jedoch nicht unter allen Umständen daran gebunden. Letztendlich entscheidet also der Arzt. In der Schweiz ist dem in der Patientenverfügung geäußerten Willen zu folgen, es sei denn, dieser verstößt gegen gesetzliche Vorschriften, es bestehen begründete Zweifel, dass er auf freiem Willen beruht oder noch immer dem mutmaßlichen Willen der Patientin oder des Patienten entspricht. Hier wird eine grundsätzliche Problematik angesprochen. Denn wer heute, in gesunden Tagen, eine bestimmte Meinung zur Frage bestimmter lebenserhaltender Maßnahmen hat, kann diese im Lauf von fünf, zehn oder mehr Jahren durchaus ändern. So, wie sich die Erstellung einer Patientenverfügung prinzipiell empfiehlt, empfiehlt sich daher auch deren Überprüfung und gegebenenfalls auch Korrektur in regelmäßigen Abständen.

Testament

In einem Testament erklärt eine Person ihren letzten Willen für den Fall ihres Todes. Es kann eine oder mehrere Anordnungen oder Verfügungen enthalten. Zum Beispiel: Wer soll was aus dem Besitz des dann Verstorbenen erben? Wie soll die Testamentsvollstreckung erfolgen? Wurde nicht in einem Testament festgelegt, wem man was aus seinem Besitz vererben möchte, gilt automatisch die gesetzliche Erbfolge. Die kann im Einzelfall aber deutlich von dem abweichen, was der Erblasser sich eigentlich wünscht. So möchte er vielleicht einem guten Freund als Erinnerung seine umfangreiche Klassiksammlung vermachen. Ohne eine testamentarische Fixierung dieses Wunsches kommen jedoch die nächsten Angehörigen, zu denen unter Umständen schon lange keine Beziehung mehr besteht, in den Genuss der musikalischen Werke.

In Österreich heißen nur letztwillige Verfügungen, durch die ein Erbe eingesetzt wird, Testament. Die Überlassung der Klassiksammlung an den Freund wäre hingegen ein Vermächtnis oder Legat.

Auch in der Schweiz wird das Testament letztwillige Verfügung genannt. In ihr kann der Erblasser über seinen Nachlass frei verfügen. Das gilt stets unter Vorbehalt der Pflichtteile seiner gesetzlichen Erben. Ein solcher Pflichtteil ist auch in Deutschland und in Österreich gegeben.

Das Testament bedarf einer bestimmten Form. Man kann es bei einem Notar aufsetzen lassen. Sowohl in Deutschland, in Österreich und in der Schweiz reicht jedoch auch die Form des ohne Notar verfassten Testaments. Dieses muss vollständig handschriftlich verfasst und vom Verfasser eigenhändig unterschrieben werden. Zudem muss es eine Orts- und Datumsangabe enthalten.

Für das Testament gilt, was bereits zur Vorsorgevollmacht und zur Patientenverfügung gesagt wurde: Es sollte frühzeitig aufgesetzt werden. Denn niemand weiß, wann es einmal benötigt werden wird.

12.
Aus Kraftquellen schöpfen – Wie Vogelgesang, Schlager und ein Chor die Seele stärken

Schürfe nach deinen Kraftquellen und du wirst sehen, wie stark sie noch sprudeln.
(Ebo Rau)

Sonntagsfrühstück. Die Sonne scheint, Rolf hat die Balkontür geöffnet, um etwas frische Luft einzulassen. Der März ist erst wenige Tage alt, doch das Wetter hat zumindest für diesen Tag beschlossen, den Menschen ein Vorgefühl auf den Frühling zu bieten. Der Kaffee dampft in den Keramiktassen und durch den Raum geht der Duft frischen Brotes. Auch die Vögel genießen den sonnigen Tag und zwitschern und palavern in den Bäumen eifrig um die Wette. „Hörst du den Vogel, der jeden Morgen vor unserem Fenster singt?“, will Beni von Rolf wissen. „Der pfeift doch immer diese Melodie.“ Beni versucht eine Melodie zu pfeifen. Rolf runzelt die Stirn. Da zwitschern doch gerade ganz viele Vögel, denkt er. Dann konzentriert er sich für ein paar Minuten ganz auf den Gesang der gefiederten Gesellen vor dem Haus. Und ja: Plötzlich hört er auch den einen, den ganz bestimmten Vogel aus dem Konzert heraus.

„Früher hatte ich da nicht so viel mit am Hut, aber heute liebe ich unseren Balkon, unsere Pflanzen und den Gesang der Vögel“, sagt Beni. „Ich habe mich mit den Vögeln angefreundet. Morgens kommen sie und picken Krümel auf dem Balkon. Ich rede dann mit ihnen und singe ihnen ein Liedchen. Und die Vögel hören mir zu! Wenn das Lied zu Ende ist, fliegen sie auf den Baum da drüben. Dann fangen sie an zu singen und wir führen ein lustiges Gespräch miteinander.“

Seitdem Beni viel Zeit zu Hause verbringt, hat er eine neue Beziehung zur Natur aufgebaut. Er achtet auf die Vögel und auf andere Tiere und kümmert sich liebevoll um die Pflanzen auf dem Balkon. Hier verbringt er gerne seine Zeit. An Sommerabenden sitzen Rolf und Beni gerne bis spät abends mit einem Roséwein und etwas zum Knabbern auf dem Balkon, der von Solarlampen sanft beleuchtet wird. Rolf gefällt es gut, dass Beni seine Liebe zu Flora und Fauna entdeckt hat. „Das ist eine tolle Sache. Auf jeden Fall eine positive Sache, die sich im Gefolge der Krankheit entwickelt hat. Und für Beni eine Kraftquelle.“

Kraftquellen sind auch die zahlreichen Spaziergänge und Ausflüge, die Rolf und Beni in ihrer gemeinsamen freien Zeit unternehmen. Wanderungen eher nicht, es darf ruhig eine Nummer kleiner sein. Doch wann immer das Wetter es

Abbildung 12-1: In der Natur

zulässt, gehen sie nach draußen. Manchmal nur in den Wald, der unmittelbar hinter dem Wohnhaus beginnt. Sehr oft an den Rhein, der die beiden immer wieder fasziniert. Und dann auch nach Basel, Zürich, Freiburg oder in andere kleine Städte, in denen man gut flanieren, andere Menschen beobachten und es sich bei einem Kaffee oder Eis gutgehen lassen kann.

„Was unsere großen Urlaube angeht, sind wir vielleicht ein wenig langweilig. Es geht eigentlich immer nach Gran Canaria. Wir lieben diese Insel nun einmal. Aber den Rest des Jahres über sind wir deutlich vielseitiger. Da fallen uns jede Menge Ziele für unsere kleinen Exkursionen ein."

Die Zeit, die den beiden miteinander bleibt, intensiv nutzen: Das leben sie gerade bei solchen gemeinsamen Unternehmungen aus. Aber mit Tempo und Hektik hat das nichts zu tun.

„Einfach am Rhein sitzen, aufs Wasser schauen und dabei ein Eis schlecken, das reicht völlig aus, damit wir uns gut fühlen." Beide haben das Gefühl, den kleinen Dingen des Lebens mehr Aufmerksamkeit zu schenken als in ihrem Leben vor der Diagnose. „Und das ist ein Gewinn."

Marina, Marina, Marina

Dem Gesang der Vögel lauschen, das kann Beni stundenlang und auch Rolf findet Gefallen daran. Aber auch andere Musik, solche, die von Menschen gemacht wird, trägt einen großen Teil zum Wohlbefinden der beiden Männer bei. Tagsüber läuft zu Hause meistens Musik. Und Musik haben beide schon ihr Leben lang genossen. „Wir sind glücklich, dass wir beide so ziemlich den gleichen Musikgeschmack haben. Das stelle ich mir sonst problematisch vor", sagt Rolf. „Man will Musik ja dann doch etwas lauter hören, und wenn der eine auf Vivaldi steht und der andere auf die Böhsen Onkelz, dann wird es schwierig." Klassik und Heavy Metal stehen bei Rolf und Beni jedoch nicht auf dem Programm. Sie sind beide Pop- und Schlagerfans. Und das seit früher Jugend. Wenn sie sich zwischen den Beatles und den Stones entscheiden müssten, dann hieße ihre Antwort ganz klar Beatles. Aber das trifft eigentlich gar nicht so recht ihren Geschmack. Bei den Namen Celine Dion, Whitney Houston und Tina Turner fangen Benis Augen zu leuchten an. „Zu Konzerten von ihnen bin ich früher sogar bis nach Frankfurt gefahren. Bei Celine Dion habe ich sogar einmal in der ersten Reihe gesessen. Aber als ich Rolf kennengelernt habe, hat der gesagt: Das ist doch alles viel zu teuer! Aber mögen tut er sie auch."

In jungen Jahren verbringen beide gerne die Samstagabende im Familienkreis vor dem Fernseher. Auf der Mattscheibe läuft die ‚ZDF-Hitparade' oder Ilja Richters ‚Schlager-Disco'. Das prägt den Musikgeschmack nachhaltig. Andrea Berg, Beatrice Egli, aber auch Veteranen wie Chris Roberts und Roland Kaiser nennt Beni als seine Lieblinge. Und Rolf outet sich als überzeugter ABBA-Fan. Vor vielen Jahren hat Beni einmal den Sänger Stephan Remmler bedient und ihm eine rote Lederjacke verkauft. „Das war doch der von der Neuen Deutschen Welle. ‚DaDa-Da' und so weiter. Aber das mochte ich noch nie, das ist doch kein deutscher Schlager."

Sich in der damaligen Zeit als junger Mensch zum deutschsprachigen Schlager zu bekennen, erfordert in manchen Kreisen durchaus Mut. Rolf antwortet auf die Frage nach seinem Musikgeschmack meistens mit ‚Oldies'. Das klingt unverfänglich. Wie auch immer: Beide sind und bleiben Schlagerfans mit Sympathie für Popmusik jenseits des klassischen Schlagers. Und ihr gemeinsamer Musikgeschmack beschert ihnen immer wieder schöne Momente. Letztendlich verdankt Beni dem Schlager indirekt auch seinen Namen. Denn eigentlich heißt er nicht Beni, sondern Leo. Als er sich eines Abends im Alter von sechzehn oder siebzehn Jahren verbotenerweise in einer Diskothek aufhält, möchte ein Besucher seinen Namen wissen. Benis schlechtes Gewissen, als Minderjähriger in der Disco zu sein, lässt ihn mit seiner Antwort zögern. Da hört er in der Jukebox das Lied ‚Rosamunde'. Das wird von einem Schlagersänger mit dem Namen Dennie gesungen. Dennie, Benny und schließlich die schweizerische Variante Beni: Aus Leo Steinauer ist Beni Steinauer geworden. Denn den Vornamen Beni behält er fortan bei. Seine Eltern schert das wenig, für sie bleibt er Leo. Und dass Rolf ebenfalls den Namen Leo vorziehen würde, das schert bei aller Liebe Beni dann nicht!

Chorprojekt

Musik hören ist das eine. Selber Musik zu machen, zu singen, eine ganz andere. Zwar trällert Beni gerne, wie seinerzeit schon seine Mutter, italienische Gassenhauer. Oder ‚Marina, Marina, Marina' von Rocco Granata. Aber dass Rolf und er einmal bei einem Chor mitwirken und dort ‚Über den Wolken' singen würden, dass hätten sich beide nicht träumen lassen. Im Januar 2020 gründen die Schauspielerin Annette Frier und der Musiker Eddi Hüneke für eine geplante ZDF-Dokumentation einen Chor, in dem Menschen mit Demenz miteinander singen sollen. Geplant sind mehrere Proben in Köln und ein Abschlusskonzert, das im TV ausgestrahlt wird. Als eine Bekannte Rolf auf dieses Projekt aufmerksam macht, reagiert er verhalten. Nachdem eine weitere Bekannte ihn anspricht, ruft er schließlich in Köln an, auch wenn Beni und er immer noch nicht überzeugt sind, dass dieses Projekt für sie interessant sein könnte. Die anderen Teilnehmer kommen fast alle aus dem Kölner Raum, aber von Inzlingen ist das Ganze dann doch ziemlich weit entfernt. Schließlich lassen sie sich doch von der Idee begeistern. „Wir haben den Veranstaltern gesagt, dass wir das vermutlich nicht komplett durchziehen können werden" erinnert sich Rolf. „Weil ich ja arbeite und nicht eben mal kurzfristig nach Köln fahren kann. Aber wir haben es dann doch geschafft. Wo ein Wille ist, da ist auch ein Weg. Das ging dann mit Urlaubstagen und an Wochenenden doch noch irgendwie aus."

Den beiden gefällt es gut. Beni ist glücklich. „Das war so toll für mich, dass ich singen durfte! Ich singe ja gerne, aber das hier war noch einmal eine ganz andere Nummer. Das war ja locker, aber dennoch eben auch harte Arbeit. Am Anfang war es ziemlich happig für mich. Da habe ich einiges versemmelt. Aber dann hat man es eben noch mal versucht und ich habe mich jedes Mal wieder aufs Neue auf die Chortreffen gefreut." Zum Chorsingen gehört, dass man Textpassagen auswendig lernen muss. Für Menschen, die Probleme mit dem Gedächtnis haben, keine einfach zu bewältigende Aufgabe. Beni muss aus dem Lied ‚Über den Wolken' von Reinhard Mey nicht nur den Refrain, sondern auch einige weitere Textpassagen einüben. Rolf berichtet: „Und da war eine Formulierung drin wie ‚ein Pfeil zieht vorbei' oder ‚wie ein Schleier staubt der Regen'. Also die Maschine rollt jetzt übers Startfeld, das ist total nass, voller Regen, und das spritzt jetzt auf, es gibt einen nassen Schleier, wie ein Schleier staubt der Regen. Ich glaube, wir haben drei Wochen zu tun gehabt, bis das saß!" In dieser Zeit können Spaziergänger immer wieder zwei Männer beobachten, die ‚Über den Wolken' trällernd ihre Runden rund um Inzlingen drehen. „Viele haben verwundert geschaut, aber es haben sich auch tolle Gespräche mit Spaziergängern entwickelt. ‚Singen Sie auch im Chor, so wie wir?' haben manche gefragt."

Beni wächst über sich hinaus. Als eine ältere Dame aufgibt, weil sie sich partout einen Text nicht merken kann, fragt Annette Frier Beni, ob er diesen Part zusätzlich übernehmen kann. Er tut es. Und den absoluten Höhepunkt des Projekts stellt für die beiden der Moment dar, in dem Beni seinem Ehemann eine Liebeserklärung per Sologesang macht. Das geplante Abschlusskonzert fällt aus. Wie so vieles andere auch in den Zeiten der Coronapandemie. Das bedauern natürlich alle, die dabei waren. Aber wichtiger als diese Veranstaltung ist Beni und Rolf ohnehin das, was sie bei den Proben und auch zwischendurch erlebt haben. „Es war herausfordernd, aber Beni ist an dieser Herausforderung gewachsen. Es sind neue Bekanntschaften und Freundschaften entstanden, die unser privates soziales Netzwerk stärken."

13. Koffergeschichten – Von aufregenden Erlebnissen beim Reisen

In meinem Hirne rumort es und knackt, ich glaube da wird ein Koffer gepackt, und mein Verstand reist ab – o wehe – noch früher als ich selber gehe.
(Heinrich Heine)

„Reisen ist für uns etwas sehr Schönes. Das haben wir vor der Coronazeit gerne getan. Städtetouren nach Berlin und Hamburg standen da beispielsweise auf dem Programm. Wir lieben diese beiden Städte sehr." Aber auch unter den Bedingungen einer Pandemie mit ihren Schutzmaßnahmen und Ausgangsbeschränkungen sind Beni und Rolf manchmal unterwegs. Meistens mit dem Zug. Mal geht es zu Chorproben nach Köln, zu einem Demenz Meet nach Wien oder zu Rolfs Mutter nach Bielefeld. Doch nicht so sehr die Maskenpflicht in den Zügen oder die Einhaltung von Abstandsregelungen zu anderen Fahrgästen stellt für die beiden Männer die zentrale Herausforderung dar, sondern etwas ganz anderes. Beni und Rolf scheinen Meister darin zu sein, auf ihren Reisen Koffer zu verlieren.

2019, Wien. Beni und Rolf haben an dem Demenz Meet in der österreichischen Hauptstadt teilgenommen. Sie sind sehr aufgekratzt und freudig gestimmt, als sie sich nach dem Ende der Veranstaltung zurück nach Hause aufmachen. Auf dem Weg zum Hauptbahnhof unterhalten sie sich über die vielen Eindrücke, die sie in den zurückliegenden zwei Tagen gewonnen haben. Neue Bekanntschaften wurden geschlossen, man hat seine E-Mail-Adressen und Rufnummern ausgetauscht und will in Kontakt bleiben. Als die beiden mit ihren zwei kleinen Koffern am Wiener Hauptbahnhof ankommen, herrscht dort wieder einmal ein größeres Durcheinander. Züge fallen aus oder haben Verspätung, viele Reisende irren orientierungslos durch die Bahnhofshalle und versuchen herauszufinden, wann es wo und wie für sie weitergeht. Beni und Rolf wüssten das ebenfalls gerne, fällt doch auch ihr vorgesehener Zug zum Flughafen Wien erst einmal aus. Schließlich findet sich aber ein anderer, mit dem sie es noch rechtzeitig zum Abflug schaffen könnten. Gerade als sie in ein Wagenabteil einsteigen wollen, fällt es ihnen auf. Benis kleiner Rolli ist nicht da! Da hilft nichts, die beiden Männer müssen schnell wieder aussteigen. Es beginnt eine hektische Suche nach dem Koffer, die quer durch den riesigen Bahnhof führt. Beide sind aufgeregt und fast schon in Panik. Als sie in die große Bahnhofshalle stürmen, kommt dann die Erleichterung. Genau in der Mitte steht der Rolli. Menschenmassen strömen an ihm vorbei, ohne ihm auch nur einen Blick zu schenken. Die Männer atmen auf. Als sie kurze Zeit später, dieses Mal mit beiden Rollis, in einem Zug Richtung Flughafen sitzen, wird ihnen erst richtig bewusst, was hätte geschehen können. „Es wäre ja nicht der erste herrenlose Koffer gewesen, der zum Einsatz von Spezialkräften auf dem Bahnhof geführt hätte." Noch mal Glück gehabt!

„Zum Glück gibt es aber auch aufmerksam Menschen, die Schlimmeres verhindern", weiß Rolf zu berichten. „So wie damals, als wir aus unserem Urlaub zurück nach Hause wollten."

2019, Flughafen Gran Canaria. Am Check-in hat sich eine Riesenschlange gebildet. Beni und Rolf sind mittendrin. Beni ist wie immer kontaktfreudig und beginnt eine Unterhaltung mit einem hinter den beiden stehenden Ehepaar. Man tauscht sich über die Erlebnisse und Erfahrungen der letzten Tage und Wochen aus. Meter für Meter geht es voran. Und Meter für Meter entfernt sich Beni von seinem Koffer, den er im Eifer des Gefechts irgendwann einfach vergisst weiterzuschieben. Zwei weiter hinten in der Schlange stehende Reisende machen Beni auf den zurückgelassenen Koffer aufmerksam. Beni bedankt sich freundlich und setzt die Unterhaltung mit dem Ehepaar fort. Nach wenigen Minuten bekommt er wieder den Hinweis: „Hallo, Sie haben Ihren Koffer vergessen!" Beim dritten Mal geht der schmunzelnde Rolf zu den beiden aufmerksamen Reisegästen und erklärt ihnen, dass Beni solche Dinge schon einmal vergisst und warum das so ist. Alle Beteiligten, Beni eingeschlossen, haben ihren Spaß.

Nicht ganz so einfach können die beiden jedoch einen weiteren Kofferverlust klären. Auch der geht schließlich mit einem Happy End aus, aber bis es soweit ist, müssen die beiden Männer sich ordentlich ins Zeug legen.

Frühherbst 2020, Köln, Bielefeld, Berlin. Der vom ZDF initiierte Demenzchor hat sich auch nach der Corona-bedingten Absage der Abschlussveranstaltung an jedem Sonntag weiter zum gemeinsamen Singen getroffen. Für die meisten Teilnehmer kein Problem, das sie in Köln oder in der näheren Umgebung wohnen. Trotz der großen Entfernung zwischen Inzlingen und Köln haben Rolf und Beni jedoch an einem dieser Treffen teilgenommen. An einem herbstlichen Wochenende wollen sie sich wieder in die Domstadt am Rhein aufmachen. Rolfs Mutter ist gerade bei ihnen zu Besuch und möchte die Gelegenheit nutzen, auch einmal bei einem Chortreffen hineinzuschnuppern. Danach soll es für die drei von Köln nach Bielefeld weitergehen, wo Rolf und Beni zwei Tage verbringen möchten. Das Treffen in Köln gefällt allen gut und so macht man sich bestens gelaunt an die Weiterreise nach Bielefeld. Alle drei haben einen Koffer dabei, als sie sich von ihrer Unterkunft außerhalb Kölns mit der Straßenbahn und später mit der U-Bahn zum Hauptbahnhof in Bewegung setzen. Auf Rolf wartet dort Schwerstarbeit. Erst trägt er Benis Koffer, dann den der Mutter und am Ende noch seinen eigenen Koffer die vielen Stufen und Treppen hinaus und hinunter. Es ist Sonntagnachmittag, viele Menschen reisen, es herrscht viel Betrieb auf allen Bahnsteigen. Rolf hat keine Platzkarten gebucht, man will es einfach so versuchen. Der Zug nach Bielefeld ist ziemlich voll. Was hilfts! Also steigen alle drei ein und Rolf trägt die Koffer ins erstbeste Großraumabteil. Sie haben Glück, es scheint noch drei freie Plätze zu geben. Als Rolf seinen Koffer in die obere Ablage hebt, liest er die Information ‚Platz gegebenenfalls reserviert'. Das ist ihnen dann doch zu unsicher und so macht sich Rolf auf, drei sichere Plätze in einem anderen Abteil aufzutreiben. Die findet er auch und so gibt er seiner Mutter und Beni ein Zeichen, ihm dorthin zu folgen. Nach so viel Aufregung kann es nicht verwundern, dass alle drei während der Fahrt einnicken. Zumindest so lange, bis eine Stimme aus dem Lautsprecher ankündigt: „Wir erreichen in wenigen Minuten Bielefeld Hauptbahnhof." Also gilt es, sich in Windeseile die Mäntel und Jacken überzuwerfen, seine Utensilien im Handgepäck zu verstauen und seinen Koffer zu greifen. Was bei der Mutter und Beni auch klappt, nicht jedoch bei Rolf. Das Gepäckfach über ihm ist leer. Wo ist der Koffer? Weit und breit keine Spur von ihm. Der Zug hält, die Fahrgäste steigen aus, wenn die drei nicht jetzt ebenfalls den Zug verlassen, müssen sie bis Hannover weiterfahren. Und so finden sie sich schließlich auf dem Bahnsteig mit nur zwei statt mit drei Koffern wieder. Und in diesem Moment fällt es Rolf wie Schuppen von den Augen. Seinen Koffer hat er ja im ersten Abteil, in dem sie in Köln in den Zug eigestiegen sind, in einem Gepäckfach verstaut und später vergessen, ihn in das neue

Abteil mitzunehmen. Eine ärgerliche Situation, im Koffer befinden sich Rolfs Kleidung, Toilettenartikel und andere wichtige Dinge. Bei der Bahnhofsinformation erfährt Rolf, dass sein Koffer nun nach Berlin unterwegs ist und dort in einer Sammelstelle der Bundesbahn landen wird. Man kann sich ihn von dort zusenden lassen, was allerdings länger dauert, oder ihn selbst abholen. Zum Glück hat Rolf noch ein paar Tage frei und so starten Beni und er Montagfrüh nach Berlin. Nachmittags um siebzehn Uhr können sie schließlich den Ausreißer in Empfang nehmen. Mittlerweile nehmen sie es mit Humor. Wenn schon Berlin, dann soll es sich auch lohnen, und so verbringen sie noch einen Tag in der deutschen Hauptstadt und machen sich anschließend wieder zu Rolfs Mutter und von dort nach Inzlingen auf.

Ihre Reiselust wollen sich Beni und Rolf durch solche Erlebnisse nicht vergällen lassen. Aber sie beschießen, ihre Koffer zukünftig zu hüten wie einen kostbaren Schatz.

Gut zu wissen! – Reisen

Beni und Rolf reisen gerne. Das wollen sie auch in Zukunft beibehalten, denn auf Reisen gehen und Urlaub genießen zu können, bedeutet für die beiden Männer ein großes Stück Lebensqualität. Die Demenzdiagnose von Beni ändert daran nichts. Bei ihren Reisen müssen Beni und Rolf nur wenige Dinge beachten. Natürlich soll es zu Zielen gehen, die ihnen beiden zusagen. In ihrem Fall sind das vor allem Gran Canaria oder außerhalb der großen Urlaubsreisezeit auch Städte wie Hamburg oder Berlin. Die beiden sind ein eingespieltes Team mit jahrzehntelanger Beziehungsgeschichte. Sie kennen also ihre Vorlieben und Interessen. Sie kennen zudem die aus Benis Behinderung resultierenden Probleme und können sich darauf einstellen. Oberstes Ziel ist die Vermeidung von Stress. Das beginnt bei der Wahl des Reisemittels. Statt langer Autofahrten bevorzugen die beiden Reisen mit der Bahn und nach Gran Canaria selbstverständlich mit dem Flugzeug. Überfüllte Bahnabteile und vor Menschen wimmelnde Bahnhöfe lassen sich nicht vermeiden. Wichtig sind hier aber Maßnahmen wie die Reservierung von Sitzplätzen und die Vermeidung von allzu viel Reisegepäck. Denn das erschwert die Ein- und Aus- sowie die Umstiege. Und schnell geht auch schon einmal ein Gepäckstück verloren, wie die beiden aus eigener Erfahrung wissen. Für jemanden, der wie Beni auf der einen Seite deutliche Einschränkungen hat, auf der anderen Seite aber über enorme Potenziale verfügt und zudem noch in einer funktionierenden Zweierbeziehung lebt, stellen Reisen im Prinzip kein Problem dar. Sofern Reisen immer schon eine Leidenschaft waren, sollten sie auf jeden Fall weiterhin ausgeübt werden. Auf keinen Fall sollte man den Fehler machen, den viele betroffene Menschen leider nach einer Diagnose machen: Sie verhalten sich so, dass die schlechte Prognose sich quasi von selbst realisiert und verzichten auf Dinge, die ihnen wichtig sind und die sie eigentlich noch leisten könnten. Das verringert die Freude am Leben und entfernt aus diesem die Farbtupfer. Eine Reise oder einen Urlaub anzutreten stellt sicherlich mehr als früher eine Herausforderung dar. Aber genau solche Herausforderungen benötigt der Mensch mit einer kognitiven Behinderung. Und jeder andere auch, der geistig lebendig bleiben will.

Ähnlich wie Beni und Rolf sind auch Jutta Streese und ihr Mann Georg Jungkamp-Streese gern unterwegs. Reisen ist ihre Leidenschaft. Und diese Leidenschaft wollen sie sich durch Georgs Diagnose einer sehr speziellen Variante von Alzheimer nicht nehmen lassen. Daher haben sie vor wenigen Jahren beschlossen, eine Reise anzutreten, die sie sich immer schon einmal gewünscht hatten: eine Kreuzfahrt nach Island. Ihr folgten zwei weitere, eine in den Norden, die andere ins Mittelmeer. Jutta Streese sagt: „Vorteil einer solchen Fahrt: Es entfallen Hotelwechsel und dergleichen, also Stressfaktoren. Aber man bekommt viel zu sehen und Landgänge gibt es auch. Schwierig ist aber die Orientierung für jemanden, der kognitiv eingeschränkt ist. Insbesondere auf großen Schiffen." Bei der Kreuzfahrt nach Island waren Jutta und Georg zwei von insgesamt viertausend Passagieren. Die Empfehlung lautet daher, kleinere Schiffe zu buchen. Das Ehepaar würde nur noch ungern Reisen zu zweit machen. Für besser geeignet halten sie Gruppenreisen und besonders schätzen sie Reisen mit anderen Familienmitgliedern. Ob sie mit der Tochter, dem Schwiegersohn und dessen Eltern oder mit einer älteren Tante unterwegs waren, stets ist es ein schöner Urlaub geworden, der beiden gutgetan hat. Gute Erfahrungen haben sie auch mit anderen Reiseformaten gemacht. So gibt es Studien- oder Rundreisen in einer Gruppe mit Betreuung, durch die das Ehepaar sogar nach Oman und Jordanien gekommen ist. Mit Freunden unternehmen sie jedes Jahr eine einwöchige Radtour. Und in guter Erinnerung ist auch eine Zugrundreise in Deutschland geblieben. Mehrere Freunde wurden für ein oder zwei Tage an ihren Wohnorten besucht und es fanden gemeinsame Unternehmungen statt.
„Können wir nur empfehlen. War toll!"

Viele Menschen leben ebenso wie Beni und Rolf in einer Beziehung, doch sind die Einschränkungen der betroffenen Person oftmals deutlich ausgeprägter als dies bei Beni der Fall ist. Dann sind der gemeinsame Urlaub auf einer spanischen Insel oder die Städtetour in einer Metropole wie Berlin nicht mehr ohne Weiteres möglich. Die Lust auf ein paar Tage Aufenthalt in einer pulsierenden Großstadt dürften angesichts eines anstrengenden Alltags zu Hause in vielen Fällen eher gering sein. Und auf Gran Canaria kann das normale Hotel, dass Beni und Rolf buchen, vermutlich nicht die besonderen Anforderungen erfüllen, die in manchen Fällen vonnöten sind. Der Partner eines demenzbetroffenen Menschen benötigt in vielen Fällen zweierlei: das Zusammensein mit seinem Angehörigen sowie spezielle Zeiten ohne ihn. Denn es muss Kraft getankt werden. Es werden Zeitinseln benötigt, in denen man nicht auf seinen Partner achten muss, sondern auf das, was der eigene Körper und die Seele einem mitteilen. Wo man einmal mit anderen Gleichbetroffenen, in diesem Fall Angehörigen, in einen Austausch treten und voneinander lernen kann. Und wo man neue Strategien für einen besseren Umgang mit sich selbst kennenlernen kann.

Mittlerweile gibt es für Menschen und Paare, auf die das zutrifft, eine stetig wachsende Zahl an Urlaubsangeboten. Verschiedene Organisationen bieten regelmäßig Urlaubsreisen an, die zu Zielen im Inland und ins Ausland führen. Das Besondere daran ist, dass sie auf die Bedürfnisse von Menschen mit einer kognitiven Beeinträchtigung eingestellt sind. Sie warten mit einem umfangreichen Angebot an Aktivitäten für einen erholsamen Urlaub auf. Der Beeinträchtigte und sein Angehöriger haben hier die Möglichkeit, gemeinsam etwas zu unternehmen und zu erleben. Gleichzeitig gibt es spezielle Angebote für jeden der beiden Partner. Die richtige Balance zwischen Zusammensein und zeitweiligem Getrenntsein ist im Alltag nur selten passend herzustellen. Das hat Auswirkungen auf das Befinden aller Beteiligten und führt oft zu Stresserleben und Überforderung.

Das Wichtigste an solchen Urlauben ist vielleicht die Tatsache, dass man wieder einmal gemeinsam etwas Neues und Außergewöhnliches erleben kann. Die Erinnerungen daran können in den Alltag zu Hause mitgenommen und immer wieder aktiviert werden. Es ist eine Art Energiestoß für ein ansonsten nicht immer leichtes Leben und eine Beziehung, die sich ständig einer großen Herausforderung ausgesetzt sieht. Die Hotels und Unterkünfte, in denen solche Urlaube möglich sind, sind auch von ihrer räumlichen Gestaltung und Anlage her auf die Bedürfnisse von Menschen mit Handicap eingestellt. Oder sie sollten es zumindest sein. Wie bei jedem Urlaub gilt es auch bei Urlaubsangeboten für Menschen mit kognitiver Behinderung, sich vorab genau über die Konditionen zu informieren. Das betrifft die räumliche Ausstattung und die Kosten ebenso wie die Freizeitmöglichkeiten und die Angebote an Betreuung und Beratung.

14.
Botschafter on tour – Wie wir unsere Erfahrungen mit anderen Menschen teilen

Ein offnes Handeln zeigt den Mann!
(Phillipp Salomon Reger)

Lörrach an einem herbstlichen Vormittag. Beni fährt mit dem Bus zum Bahnhof. Er möchte wieder einmal nach Basel, einen kleinen Stadtbummel unternehmen, zwei, drei Stunden, und dann wieder zurück. An der zweiten Station verlassen die meisten Fahrgäste den Bus, eine Clique jüngerer Schülerinnen steigt ein. Beni sieht eine alte Dame, die sichtliche Mühe damit hat, in das Gefährt einzusteigen. Einen Fuß hat sie auf die Einstiegsstufe gesetzt, das andere Bein will jedoch nicht recht folgen. Beni springt von seinem Sitz auf und bietet der Dame seine Hilfe an. Schließlich gelingt der Einstieg und die Seniorin lässt sich mit einem Seufzer neben Beni nieder. „Vielen Dank auch! Wissen Sie, bei mir geht es nicht mehr so gut wie früher. Ich bin halt alt. Da kann man nichts machen." Beni lächelt sie freundlich an. „Das kann ich gut verstehen. Bei mir klappts ja auch nicht mehr so richtig." Die Dame schaut ihn erstaunt an. „Bei Ihnen? Aber wieso denn?" Sie schaut Beni neugierig an. „Ich habe Demenz. Deshalb geht es mit einigen Dingen nicht mehr so gut." Nun ist das Interesse der alten Frau erst recht geweckt. „Demenz? Aber wie kann das sein? Sie sind doch noch viel zu jung für so etwas!" Beni lächelt. „Nein, leider kann man so etwas auch schon in meinem Alter haben." Während der Bus seine Fahrt fortsetzt, entspannt sich zwischen den beiden ein angeregtes Gespräch. Die Frau ist neugierig, möchte ganz viel von Beni wissen. Zum Beispiel, ob man bemerkt, wenn sich eine Demenz entwickelt. Wie sich das anfühlt. Was genau Beni nicht mehr oder nur schlechter als zuvor kann. Irgendwann muss die alte Dame aus dem Bus aussteigen. „Haben Sie herzlichen Dank! Da habe ich jetzt ja ganz viel Neues erfahren. Ich wünsche Ihnen alles Gute!“ Der Bus setzt sich wieder in Bewegung und Beni winkt der Seniorin noch einmal zum Abschied zu. Es soll nicht die letzte Gesprächspartnerin zu diesem Thema für ihn an diesem Tag bleiben.

Rolf kennt solche Geschichten und freut sich jedes Mal darüber aufs Neue. „Ich finde das toll, wie Beni das macht. Wie er mit seinen Handicaps umgeht. Manchmal mache ich mich darüber ein wenig lustig. Na, sage ich dann, nach dem dritten Satz weiß so ziemlich jeder, dem du begegnest, dass du eine Demenz hast. Aber das meine ich spaßig. In Wirklichkeit bin ich ein bisschen stolz darauf, dass er das so macht. Anfangs hatte ich damit durchaus meine Schwierigkeiten, es war mir ein wenig peinlich. Aber das sehe ich mittlerweile ganz anders.“ Oft erleben sie beide zusammen solche Situationen und nutzen die Gelegenheit, anderen Menschen ganz persönlich etwas zu vermitteln, was diese vorher nicht wussten.

Basel. Rolf und Beni sitzen in einem Barbiershop, wie er heute an vielen Ecken der Stadt zu finden ist. Ein junger türkischstämmiger Mann betreibt ihn. Als Rolf fertig ist, lässt sich Beni den Bart schneiden. Der Barbier gibt ihm Anweisungen, wie er seinen Kopf bewegen soll. Einmal so, das andere mal wieder anders. Beni hat Schwierigkeiten, den Aufforderungen schnell genug zu folgen. Der junge Barbier, vermutlich ist er Anfang zwanzig, schaut erstaunt. Rolf mischt sich ein. „Mein Mann kann das nicht so schnell umsetzen. Er hat Demenz.“ Nun schaut der junge Mann erst recht erstaunt und auch ein wenig ungläubig. Zuerst glaubt er, dass Demenz etwas wie Multiple Sklerose sei. Davon hatte er schon einmal gehört. Von Demenz noch nicht. Rolf ist sich nicht sicher, ob es vielleicht ein Sprachproblem geben könnte. Sicherheitshalber zeigt er dem Barbier auf seinem Smartphone eine türkische Übersetzung von Demenz. Und plötzlich entwickelt sich mit einem jungen Menschen, der sich zuvor noch nie mit dem Thema Demenz auseinandergesetzt hat, ein intensives Gespräch. Es geht um Krankheit, um Tod und um den Glauben an höhere Mächte.

„Das war toll, das gibt mir Kraft! Ich liebe solche Gespräche. Und es ist immer wieder erstaunlich, wie interessiert die Menschen an einem solch schwierigen Thema sind, wenn da eine lebendige Person vor ihnen sitzt und erzählt“, schwärmt Beni.

Wie steht es in der Gesellschaft mit Blick auf den Umgang mit dem Thema Demenz? „Es hat sich schon Vieles in Richtung auf einen besseren Umgang entwickelt“, meinen Beni und Rolf. Aber es muss noch viel mehr getan werden. Gerade auch, wenn es um jüngere Menschen geht, die kognitive Einschränkungen haben. Denn sie fallen weitgehend immer noch aus dem Blick der Menschen heraus. Nur wenige Menschen wissen, dass es auch jüngere Betroffene gibt. Und kaum jemand hat deshalb auch eine Vorstellung davon, vor welchen Problemen solche Personen im Alltag stehen. „Was Beni macht, die Menschen um ihn herum ganz selbstverständlich und locker über seine Situation zu informieren und damit wirklich tolle Gespräche auszulösen, ist ein Weg, um eine größere Sensibilisierung zu erreichen.“ „Ja sicher. Wenn wir nicht darüber sprechen, wie sollen es andere Menschen dann erfahren und lernen?“, meint Beni. „Das sollten noch viel mehr Betroffene tun. Dann bewegt sich auch etwas.“

Offenheit schafft Beinfreiheit

Aber stößt man, wenn man so offen ist, nicht auf Ablehnung bei anderen Menschen? Muss man nicht negative Reaktionen erwarten, Unverständnis, Anmache und vielleicht sogar Beleidigungen? „Ganz und gar nicht“, beteuern Beni und Rolf. „Wir sind nie auf negative Reaktionen gestoßen. Nun gut, einmal doch. Da ging es um eine falsch sitzende Corona-Maske. Aber auch das ließ sich dann schnell klären.“ Benis Offenheit nutzt ihm im Alltag sehr. „Wie oft gehe ich zum Lädeli in unserem Ort, um Kleinigkeiten einzukaufen. Oder in die Apotheke. Und wie oft vergesse ich dabei dann, das Geld oder aktuell die Corona-Maske mitzunehmen. Aber alle wissen Bescheid! Und sie helfen mir deshalb auch in solchen Situationen aus der Patsche. Wenn ich meine Maske vergessen habe, bringt man mir schnell eine vor die Eingangstüre des Geschäfts. Und der Chef dort hat seine Leute darauf geeicht, mir an der Kasse beim Einpacken des Einkaufs zu helfen. Wenn ich versuchen würde, meine Schwierigkeiten zu verstecken, gäbe es doch nur Missverständnisse und Stress.“ Auch in dem Haus, in dem Beni und Rolf wohnen, wissen alle Bescheid. Renate, die über achtzigjährige Nachbarin, hilft Beni, wenn dieser Probleme mit dem Gürtel seiner Hose oder mit dem Reißverschluss seiner Jacke hat. So kann Beni auch aus dem Haus, wenn Rolf nicht da ist und ihn unterstützen kann. Selbst ein Mieter des Hauses, zu dem Beni und Rolf eigentlich nie Kontakt hatten und der von der gesamten Nachbarschaft als Sonderling abgetan wird, bot Beni spontan an, dass er ihn jederzeit um Hilfe fragen könne. Die beiden hatten sich zufällig beim Einkauf getroffen und Beni hatte sich nicht gescheut, auch diesem Mann von seiner Demenz zu erzählen. Rolf hat das zu denken gegeben. „Da läuft man Ewigkeiten an einem Menschen vorbei, lässt sich vom Gerede anderer negativ beeinflussen, ohne überhaupt zu wissen, warum diese Person als ‚komisch' tituliert und irgendwie ausgegrenzt wird, und dann geht Beni auf diesen Menschen einfach offen zu, redet mit ihm und siehe da: Der entpuppt sich als ganz nett und zeigt spontan große Hilfsbereitschaft! Das zeigt mir, wie schnell man selbst andere Personen ungerecht behandelt und links liegen lässt. Das passiert nicht nur Menschen, die eine Demenz oder eine andere Behinderung haben." Beni und Rolf sind sich einig: Wenn man ganz offensiv mit seinen Beeinträchtigungen umgeht, hat man es leichter. Und gleichzeitig trägt man dazu bei, dass immer mehr Menschen die Möglichkeit erhalten, Verständnis für andere Menschen in einer schwierigen Situation zu entwickeln. „Nur so kommen wir schließlich in unserer Gesellschaft weiter und reden nicht nur theoretisch über Inklusion, Demenzfreundlichkeit und wie man das alles nennt."

Der nächste Schritt hinaus

Das Paar aus Inzlingen geht aber noch einen Schritt weiter. Über den im unmittelbaren Umfeld hinaus in die Öffentlichkeit. Das hat sich eigentlich mehr oder weniger zufällig ergeben. Der erste Schritt ist ein großer Artikel in der Basler Zeitung, in dem Beni über seine Situation und Diagnose berichtet. Flurina Manz, die Rolf über eine Beratung und später dann auch Beni kennengelernt hatte, will die Idee einer Selbsthilfegruppe von Betroffenen durch einen Presseartikel lancieren. Beni erklärt sich sofort bereit, mitzumachen. Und so erscheint er das erste Mal in der medialen Öffentlichkeit. Eine Veranstaltung in Zürich, auf der Beni und Rolf sich Informationen und Rat einholen wollen, hat Folgen für sie. Dem Veranstalter dieses Demenz Meets fallen die beiden Männer auf und er lädt sie zur Folgeveranstaltung im darauffolgenden Jahr ein. Dieses Mal sind sie nicht Teilnehmer, sondern Vortragende. Da stehen sie nun, sich gegenseitig stützend, auf der kleinen Bühne vor einem runden Tischchen und erzählen zum ersten Mal vor einem großen Auditorium über sich. Die Zuhörenden sind von ihrer Offenheit beeindruckt und berührt. Eine Erfahrung, die sich in der Folgezeit noch öfters wiederholen soll. Beni und Rolf bereuen es trotz ihres anfänglichen Lampenfiebers nicht, diesen Schritt in die Öffentlichkeit gemacht zu haben. Viele Personen geben ihnen die Rückmeldung, dass ihr Auftritt ihnen mehr Verständnis als je zuvor für die schwierige Situation von Menschen gegeben hat, die mit einer Demenz leben. Oder dass sie sich ermutigt fühlen, zukünftig selbst auch offensiver mit ihren eigenen Einschränkungen umzugehen. Das ermutigt die beiden Männer aus Inzlingen wiederum, in der Folgezeit weitere Schritte in die Öffentlichkeit zu wagen. Beni möchte Personen in einer vergleichbaren Lage wie seiner unterstützen: „Man muss den Betroffenen doch sagen, dass sie sich nicht verstecken sollen. Das bringt doch nichts! Darum sage ich: Geht raus, sprecht darüber, geniert euch nicht. Nutzt die Zeit, das hilft euch und den anderen." Wie das so im Leben ist: Es ist nicht geplant, aber zufällig ergibt sich eine Handlung, in diesem Fall der Presseartikel und die Züricher Veranstaltung, und aus der einen Handlung ergibt sich eine nächste und so fort. Beni und Rolf leben ihren Alltag weiter. Sie streben aktiv keine öffentlichen Auftritte an, aber sie haben Eindruck hinterlassen und werden zu weiteren Aktivitäten eingeladen. Ende 2019 reist Beni mit Unterstützung und in Begleitung von Flurina Manz zu einem Treffen nach Stuttgart. Dort finden sich Selbsthilfegruppen von Menschen mit Gedächtnisproblemen und Demenz aus Deutschland, aus Österreich und aus der Schweiz zusammen. Sie gründen das Netzwerk EmpowerMenz. Beni ist einer der Geburtshelfer. „Denn es braucht noch viel mehr solche Gruppen, wo Menschen wie ich sich Kraft holen können."

Ab Anfang 2020 sind Beni und Rolf bei dem Chorprojekt ‚Unvergesslich' des ZDF dabei. Nun sieht man sie erstmalig auch im TV. Die Social Media lassen nicht lange auf sich warten. Im Auftrag des Bundesfamilienministeriums soll der YouTuber Leeroy Matata ein Gespräch mit Beni und Rolf führen. Leeroy, der selbst körperbehindert ist, widmet sich auf seinem YouTube-Kanal vor allem sozialen Themen und interviewt Menschen, die besonders sind. Zum Beispiel, weil sie magersüchtig sind, im Rollstuhl sitzen, vergewaltigt wurden oder gemobbt werden. Rolf und Beni müssen zu den Videoaufnahmen nach Köln fahren. Sie tun es gerne. „Der Name Leeroy hat uns bis dahin gar nichts gesagt. Ist halt nicht ganz unsere Altersklasse. Das Ministerium wollte jüngeren Menschen das Thema Demenz näherbringen. Und jüngere Menschen erreicht Leeroy nun wirklich." Knapp anderthalb Millionen Abonnenten, pro Beitrag mehrere hunderttausende Klicks: wahrlich keine dumme Idee, dort einmal das Thema Demenz zu platzieren. Das findet auch Beni. „Junge Leute haben ja ganz andere Dinge im Kopf als gerade das Thema Demenz. Ist ja völlig klar. Aber auch sie müssen wir erreichen, wenn sich die Einstellung zu Menschen, die damit leben, ändern soll. Also sind wir hingefahren nach Köln. Der Leeroy ist ein wirklich sehr netter Typ. Der hat echt gestaunt und war ganz interessiert an dem, was wir beide da erzählt haben." Auf zwei Männer in den fünfziger und sechziger Jahren ihres Lebens, die auch noch mit dem scheinbaren typischen Altersthema Demenz daherkommen, könnte die Zuschauerschaft des YouTube-Kanals natürlich auch mit Desinteresse reagieren. Doch das Gegenteil ist der Fall. Beni und Rolf überzeugen auch die Jungen durch ihre Authentizität und sorgen für einen Aha-Effekt.

Kommentare auf YouTube

Kim: 62? Sieht ja mal locker zehn Jahre jünger aus.

LL: Wie dieses schöne Paar zusammenhält. Mir kamen die Tränen in die Augen.

Sebinagl: Benni hat trotz seiner Krankheit einen besseren Style als 90 % seiner Generation.

HouseBootlegParty: endlich mal ein richtig spannendes Thema! :)

Fabian Schenk: Mich hat selten ein Intro bzw. eine Person so berührt. Krass :0

boredandviolent: ich bin single und das auch wirklich sehr gerne, aber als sein partner ihm am ende einen kuss auf die wange gibt während er sich bedankt ... das hat mir die tränen in die augen getrieben ... so eine liebe <3

Jackpotari King: Als 62-Jähriger hat der ein Baba Style (die vapormax sind meggaaaaaa). Und sein Aussehen ist auch mega als wäre er 50 oder so.

„Das alles zeigt uns, dass es sich lohnt, den Schritt in die Öffentlichkeit zu wagen", sagt Rolf. „Das war ja nie unsere Absicht gewesen, das hat sich ja einfach so ergeben. Aber es bringt etwas. Wir bleiben aber schön geerdet. Wir wollen jetzt keine Demenzaktivisten oder Medienstars werden. Gott behüte! Wir wollen einfach weiter unser Leben leben und wenn wir ab und an anderen Menschen dadurch etwas geben können, Zuversicht, Mut, eine Anregung, dann machen wir auch schon einmal etwas in der Öffentlichkeit." Beni weiß, dass das nicht für jedermann etwas ist.

„Man muss so was ja auch nicht tun. Wichtig ist, dass man in seinem Umfeld offen mit seiner Demenz umgeht. Und wem es liegt, der kann dann auch gerne noch einen Schritt weiter gehen."

„Genau, nur, wenn einem das auch liegt", ergänzt Rolf. „Ich bin eigentlich gar nicht so sehr der Typ dafür. Beni schon eher, Beni liebt es, mit Menschen zu reden, mitten unter Menschen zu sein. Da lass ich mich dann gerne auch mitreißen. Und wenn es dann auch noch etwas bringt ..."

15.
Offen umgehen mit seiner Behinderung? – Ein Gespräch von Menschen mit Vergesslichkeit und Demenz

Je offener wir sind, desto weniger Grund zur Angst haben wir.
(Dalai Lama)

Im März 2021 sind Beni und Rolf bei einer Talkrunde des Teilhabekanals KuKuK-TV auf YouTube dabei. Unter dem Motto ‚Wir sprechen selbst' diskutieren mehrere Menschen mit Vergesslichkeit oder einer Demenzdiagnose darüber, ob es besser ist, mit seinen Handicaps und seiner Situation hinter dem Berg zu halten oder offen darüber zu sprechen. Die Teilnehmenden kommen aus Deutschland und aus Österreich, Beni ist der Schweizer in der Runde.

Georg Jungkamp-Streese und seine Frau Jutta leben in Bühl am Schwarzwald.

Georg: Ich muss es ja nach draußen tragen. Wenn ich es nicht nach draußen trage, dann bin ich der Trottel (...) Die Leute kennen mich hier ringsherum. Ich kann jeden Morgen eine längere Joggingrunde machen und weiß, dass ich nicht verloren gehen werde. Sondern die kennen mich dann schon und so, ja. Also, das gibt auch einfach Sicherheit! (...) Also der Eremit, der da meint, er käme alleine und ohne Kontakt mit anderen durch, der muss erst noch geboren werden.

Rolf: Das war, glaube ich, am Anfang sehr schwierig. Als wir beide mit der Krankheit konfrontiert wurden und gelesen haben, wie schlimm das ist, im Internet stehen einfach pauschale Sachen (...) da war mein erster Gedanke, als ich das gelesen habe: Das darf Beni auf keinen Fall wissen! (...) Beni hat umgekehrt das gleiche gegoogelt und hat gesagt: Rolf darf das auf keinen Fall wissen, dass es so schnell zu Ende sein kann. Und dann haben wir nicht darüber gesprochen und das war natürlich ganz schlimm für uns. Man hatte niemanden, mit dem man darüber sprechen konnte, und noch nicht mal mit seinem eigenen Partner am Anfang, aber das ist Gott sei Dank nicht lange gutgegangen und dann haben wir den Mut dazu gefasst.

Beni: Es war für mich ein Schlag, als ich die Diagnose bekommen habe und ich dachte, jetzt ist mein Leben zu Ende. Was soll ich machen? (...)

Frage: War das dann eine Erleichterung, als ihr die Karten doch auf den Tisch gelegt habt?

Beni: Ja. Ja. Ja.

Frage: Du bist aber eher einer, der damit rausgeht?

Beni: Ja, ich rede! Ich schäme mich meiner Demenz nicht, die habe ich akzeptiert, die muss auch mithalten mit mir (...) Bei mir wissen alle im Haus, dass ich das habe. Und die haben sich alle angeboten, wenn irgendwas ist oder wenn ich irgendwie nicht zurechtkomme, darf ich bei jedem klingeln und die helfen mir (...) Wenn ich einkaufen gehe und halt mal in der Schlange andere wegen mir warten müssen (...), dann sag ich der Verkäuferin, dass ich Demenz habe, sie muss einfach Geduld haben. Und ich habe noch nie ein Nein bekommen.

Max Laimböck lebt mit seiner Frau in Innsbruck.

Max: Die Umgebung merkt das. Wenn man Leuten begegnet, ist es nicht zu verheimlichen, wenn man einen Namen nicht mehr weiß oder wenn man Orientierungsprobleme hat. Im sozialen Kontakt ist es unangenehm, wenn das bemerkt wird. Und es ist ja nicht zu verstecken. Wenn man länger mit jemandem kommuniziert, vergisst man, vergesse ich, was jemand gesagt hat, frage etwas nach, was er vielleicht vorher schon gesagt hat, und das ist unangenehm!

Angela Pototschnigg lebt in Wien.

Angela: Ich habe jahrelang gesehen, wie es ist, wenn man sich zurückzieht (...), also uns als Familie war es verboten, sie (die Mutter, d.V.) darauf anzusprechen.

Nein, bei ihr ist alles in Ordnung. Und obwohl sie in Deutschland lebte und ich in Wien, sah ich immer mehr Einsamkeit bei ihr aufkommen (...) Und wie meine Mutter starb, habe ich gesagt: Mama, ich mache es anders! Und dadurch fiel es mir leicht, mit der Familie zu sprechen. Ich habe zu den Kindern gesagt: Ja, ihr kennt ja Oma Inge. Und jetzt ist es bei mir genauso weit. Ich möchte anders damit umgehen. Wir haben sehr offen geredet. Es war ein bisschen Mut erforderlich, es im Haus, bei Freunden, Bekannten weiterzugeben, aber ich würde sagen, letztendlich habe ich festgestellt: eine enorme Hilfsbereitschaft, die mir wirklich viel ermöglicht (...) Es ist ganz wichtig, um mein Selbstbewusstsein zu behalten, um mich nicht für irgendetwas zu schämen.

Silke Reißmann-Nau lebt mit ihrem Mann Karl-Heinz in Castrop-Rauxel.

Silke: Dadurch, dass ich es ja mit 33 gekriegt habe und noch ein Kind hatte, war es noch etwas schwieriger. Ich hatte ein Kind, stand im Berufsleben, erfuhr die Diagnose und stand alleine da (...) Klar, ich stehe dazu, ich geh auch in die Öffentlichkeit, wie gesagt, es kostet aber auch einiges (...) Ich würde auch jederzeit weiter den offenen Weg wählen, weil ich es wichtig finde, dass da was passiert, weil junge Menschen einfach mehr brauchen und sie können nicht einfach mit anderen Menschen verglichen werden.

Andreas Trubel ist verheiratet und lebt in Wien.

Andreas: Ob es klüger ist, damit rauszugehen oder nicht, da ist eine typische Antwort: Das kommt drauf an. Bin ich noch Berufstätiger, bin ich noch in einem Projekt drinnen, wo jetzt gerade massiv Personal eingespart wird an allen Ecken und Enden (...) dann wäre es natürlich absolut bescheuert, wenn man dort mehr oder minder zugibt, man hat ein Gedächtnisproblem (...).

Astrid Heller lebt in Rheinland-Pfalz.

Astrid: Ich habe mich relativ früh geoutet als Betroffene und auch relativ gleich Öffentlichkeitsarbeit gemacht. Das konnten einige Leute nicht nachvollziehen. Die haben mich gefragt: Was, du sagst, du hast Demenz, das würde ich doch für mich behalten! Irgendwann wars dann soweit, da hab' ich gesagt, ich geh jetzt in die Demenzgruppe hier bei uns in der Stadt und das war wunderbar. Das war genau der richtige Schritt. Und dann hab' ich angefangen, Zeitungsartikel zu machen.

Du hast irgendwann einmal deinen Job verloren wegen deiner Beeinträchtigungen und deiner Diagnose, oder?

Astrid: Ja, genauso wars (...) Da hat mir auch niemand gesagt, ach komm, wir probieren es mal oder so. Das war grauselig.

Aber du würdest trotzdem sagen, dass man in seinem Umfeld damit offen umgehen sollte?

Astrid: Unbedingt! Das ist unerlässlich, weil die Leute das sonst nicht verstehen.

Angela: Wenn wir nicht sprechen über unsere Wünsche und Bedürfnisse, dann kann man uns auch nicht helfen. Wir verwehren dann jedem, der unterstützen möchte, könnte (...) und tun unseren eigenen Radius, den wir im Leben aktiv gestalten können, ja enorm verkleinern.

Beni: Wir müssen aber auch auf die Leute zugehen! Und nicht einfach sitzen bleiben.

Beni ist einmal gebeten worden, einen Vortrag in einem Hospiz zu halten.

Beni: Erst haben sie mich ein bisschen blöd angeguckt. Und wo ich dann fertig war mit Reden (...), da sind sie gekommen. Die Männer haben gesagt zu mir: Du hast recht, ich mach das jetzt auch! Ich hab gesagt: Ihr habt doch alle noch etwas vor (...) Fangt morgen an damit! Ihr müsst euch das gönnen!

Hat Andreas einen Tipp für andere Menschen mit Gedächtnisproblemen oder einer Demenz?

Andreas: Ich würde ihnen den Tipp geben, dass ich ihnen sage: Geniert euch nicht dafür. Das ist was ganz Natürliches. Wenn man sich einen Fuß bricht, dann hat man ja auch kein Problem damit, wenn man mit dem Gips rumrennt, dass man darauf angesprochen wird.

Angela: Mein Rat wäre: Schauen Sie sich um, ob es eine Selbsthilfegruppe in Ihrer Nähe gibt (...) Es wäre schön, wenn wir nicht nur immer mehr würden, sondern wir werden mehr in dem Bewusstsein, wir sprechen über uns und die anderen sollen uns hören und sehen.

16. Das Alte bewahren, sich dem Neuen öffnen – Kreativität, Neugier und Offenheit als Weg

Das Alte ist ehrwürdig, denn es ist der Schoß des Neuen.
(H. H. Ehrler)

Die Demenz hat manches im Leben von Beni und Rolf verändert. Angesichts solch aufgezwungener Veränderungen gibt es natürlich das Bestreben, möglichst viele alte Routinen so gut wie möglich aufrechtzuerhalten und weiterhin Dinge zu tun, die bisher schon wichtig und stabilisierend im Leben waren. Beni hält an seinen sozialen Kontakten fest und pflegt sie beständig im direkten, und wenn das nicht möglich ist, doch zumindest im telefonischen Modus. Reisen werden auch weiterhin unternommen. Und zwar dorthin, wohin es die beiden immer schon hingezogen hat. „Ich möchte mein Leben doch gerne so weiterführen, wie ich es vorher auch getan habe. Arbeiten ist leider nicht mehr möglich, obwohl ich so gern im Schuhgeschäft tätig war. Aber die anderen Dinge muss ich doch nicht aufgeben. Das Reisen, Musik hören, mich mit Leuten treffen und reden."

Vieles davon geht zum Glück noch, wenn meist auch in angepasster Form. Doch sich nur in die Sicherheit gewohnter Routinen flüchten, wollen die beiden nicht. Sie gehen einen Schritt weiter und nutzen ihre neue, von der Demenzdiagnose mitbestimmte Lebenssituation, um auch Chancen auszuloten und sich neugierig auf noch unbekannte Dinge einzulassen. „Beni war immer schon ein sehr kreativer Mensch. So hat er in jungen Jahren sogar Modeschauen mit seinen Kolleginnen organisiert, obwohl er darin doch gar keine Erfahrung hatte. Aber die sind toll geworden." Beni erinnert sich: „Ich habe meinem damaligen Chef vorgeschlagen, es einmal mit einer Modenschau zu versuchen. Er hat mir vertraut und sein Okay gegeben. Und so habe ich mich mit ein paar Kolleginnen auf diese Aufgabe gestürzt und viele Abendstunden und Zeit am Wochenende investiert. Ich hatte das ja auch noch nie vorher gemacht, fand es als Idee aber spannend. Die Frauen hatten auch keine Erfahrung und ich habe ihnen gezeigt, wie man sich als Model bewegt. Alle hatten Spaß daran! War etwas Neues!“ Beni wird vier Jahre hintereinander solche Modeschauen organisieren. Fand die erste noch ganz simpel im Verkaufsraum eines Ladenlokals statt, konnten zweihundert Gäste die letzte Veranstaltung bei Musik und Showeinlagen im Hilton Hotel Basel genießen. Beni arbeitet Tag und Nacht, um das zu ermöglichen.

Hat Rolf in seinen jüngeren Jahren auch solche kreativen Herausforderungen gesucht? „Nein, ich bin eigentlich nicht so der kreative Typ wie Beni. Aber was ich früher doch eine Zeit lang Kreatives gemacht habe, hat mit Musik zu tun. An Musik war ich schon seit meiner Kindheit interessiert. Ich habe vor allem Musik im Radio gehört. Und darum hat mich der Beruf des Musikredakteurs sehr interessiert. In der Zeit vor der Computerära haben ja Musikredakteure die Musik für die Radiosendungen zusammengestellt. Ich habe studiert, wie und nach welchen Kriterien so etwas gemacht wird, und dann habe ich selbst ellenlange Musikzusammenstellungen ausgearbeitet und diese an verschiedene Rundfunkanstalten geschickt. Ein ganz bekannter Redakteur des Süddeutschen Rundfunks aus Stuttgart hat sich meine Arbeit angeschaut und fand die richtig gut. Hätte man so senden können, meinte er. Der hat mir dann auch noch eine Menge Tipps gegeben und ich war riesig stolz. Mit so etwas habe ich mich als Jugendlicher beschäftigt, auch wenn ich schließlich kein Musikredakteur geworden bin.“

Interessiert Beni und Rolf Malerei und die bildende Kunst im Allgemeinen? „Also in Ausstellungen oder Museen gehen wir eher nicht“, sagt Beni. „Aber interessieren tuts dich schon. Vor drei, vier Jahren waren wir in Berlin und sind dann zu dieser Museumsinsel, wo diese ganzen Museen sind: Da waren wir zwei volle Tage, das fandest du sehr faszinierend! Und Beni hat früher einmal gemalt. Wir haben oben in der Wohnung sogar mehrere Bilder von ihm hängen.“ Beni war um die zwanzig Jahre alt, als ein Freund ihn an die Malerei heranführte. Auch das hat ihm viel Spaß gemacht und die Ölbilder, die aus dieser Zeit noch übriggeblieben sind, können sich sehen lassen. „Wir haben schon überlegt, ob Beni jetzt, wo er Zeit hat, es nicht noch einmal damit versuchen sollte. Talent hat er ja.“ Rolfs Malerfahrungen beschränken sich auf den Schulunterricht und waren sehr lehrreich. „In der zehnten Klasse hatte ich einen Kunstlehrer, den ich nicht und der mich nicht mochte. Wir sind öfters aneinandergeraten und am

Ende habe ich eine Fünf als Zeugnisnote bekommen. In der elften Klasse hatte ich eine Kunstlehrerin. Wir mochten uns und sie hat das, was ich kreativ tun wollte, gut verstanden. Und siehe da: Auf dem Zeugnis stand am Ende des Schuljahrs bei mir eine Eins! Kein Mensch hat damals verstanden, wie so etwas gehen kann. Einmal ist es eine Fünf und das andere Mal eine Eins, mit der bewertet wird, was man tut."

Danach hatte Rolf mit Malerei und bildender Kunst nichts mehr zu tun. Doch wenn Beni sich aufraffen würde, es noch einmal mit dem Malen zu versuchen, wäre er aktiv mit dabei. „Ja, da hätte ich schon Lust drauf. Also, ich traue mir nicht zu, irgendwelche Landschaften zu malen, da habe ich auch gar keinen Hang zu. Aber abstrakte Sachen würden mich interessieren. Da hätte ich Lust, etwas Neues zu lernen." Bis jetzt sind die beiden Männer noch nicht an das Projekt Malen herangegangen. Aber sie denken ernsthaft darüber nach. Malerei, das könnte ein neues Betätigungsfeld werden, das sich die beiden gemeinsam erschließen. Im Sommer 2021 wollen Beni und Rolf eine Rehabilitationsmaßnahme in Bad Aibling wahrnehmen. Dort wird Malerei als eine Therapieform angeboten. „Vielleicht wird das ja unser Einstieg ins Malen."

Ob es nun malerische Experimente, die Teilnahme an einem Chorprojekt oder ein öffentliches Gespräch auf einer Veranstaltung sind: Beni und Rolf geht es darum, neugierig und offen für Neues, für bisher unbekannte Erfahrungen zu bleiben. Was bringt das Festhalten an Altbekanntem, an gewohnten Routinen, und was ist der Benefit von neuen Erfahrungen, auf die man sich einlässt? „Das Alte schafft ein Gefühl von Sicherheit. Das kennt man. Da weiß man Bescheid. Das braucht man, gerade wenn eine Diagnose wie die Lewy-Body-Diagnose das bisherige Leben auf den Kopf stellt und für Verunsicherung sorgt. Aber wenn man nicht erstarren will, muss man sich auf Neues einlassen können." Auch für Beni ist klar: „Es hat großen Spaß gemacht, mit den anderen im Chor zu singen oder bei KuKuK-TV mit anderen Betroffenen öffentlich über seine Situation zu sprechen. Und wir haben so viele neue und liebe Menschen dabei kennengelernt."

Wenn es irgendwann Beni oder ihm zu viel werden sollte, sagt Rolf, dann würden sie es eben sein lassen. Aber wenn solche Aktivitäten immer auch eine große Herausforderung darstellen, so überwiegt für beide doch der Benefit, den sie daraus ziehen. „Wir haben in den zurückliegenden zwei Jahren viele Menschen mit Gedächtnisproblemen oder Demenz kennengelernt. Es kann kein Zufall sein, dass diejenigen, die neugierig geblieben sind und sich immer wieder auch auf Neues einlassen, recht fit bleiben. Und in jedem Fall viel Lebensfreude bewahren."

Gut zu wissen! – Kreativität, Kunst, Musik

Es liegt nahe, bei dem Wort ‚Kreativität' automatisch an Dinge wie Malen, Musizieren, Plastisches Gestalten oder das Schreiben von Gedichten und anderen Texten zu denken. Das ist nicht wirklich falsch, trifft aber den Kern nur teilweise. ‚Kreativ' bezeichnet die Fähigkeit, etwas zu erschaffen, was neu und außergewöhnlich, zudem meist auch nützlich oder doch verwendbar ist. Ein kreativer Mensch ist einer, der in diesem Sinne schöpferisch tätig ist. Bei allem, was mit Kunst, welcher Art auch immer, zu tun hat, kann oder sollte Kreativität von vornherein unterstellt werden. Aber schöpferisches Tun kann sich in unzählig vielen Tätigkeiten zeigen. Der Mann, der in seiner Freizeit mit großer Freude eine schwierige Torte nach der anderen im Backofen zaubert, ist kreativ. Die Frau, die mit Hingabe aus ihrem Garten ein kleines Wohlfühlparadies macht, ist es ebenfalls. Und wenn Beni und Rolf ihren Balkon gestalten oder sich Gedanken machen, wie sie bei einer Veranstaltung anderen Menschen etwas über das Leben mit einer Demenz nahebringen wollen, haben wir es auch mit Kreativität zu tun. Sicherlich erfordert Kreativität Begabungen, Können und spezielle Persönlichkeitseigenschaften. Aber diese können sich ja entwickeln. Und deshalb sind unterstützende Umweltbedingungen von großer Bedeutung. Sich kreativ auf das Leben einzulassen bedeutet, es nicht nur passiv zu erleben oder zu erleiden. Darum ist es für Menschen, die sich in einer schwierigen Lebenssituation befinden, hilfreich, wenn sie kreativ tätig werden. Und wenn neben der alltäglichen Kreativität, dem Backen, Gärtnern oder handwerklichen Tun, auch Bereiche der Kunst wieder oder neu erschlossen werden, eröffnen sich noch einmal mehr Räume, in denen Entfaltung und Wachstum möglich werden.

Die bildende Kunst, also Malen oder Plastisches Gestalten, eignet sich hierzu besonders, weil sie keine sprachlichen Fähigkeiten voraussetzt. Sie benötigt die Sprache nicht. Wer sich aufgrund einer kognitiven oder anderen Behinderung nicht mehr wie gewohnt artikulieren kann, findet hier vielleicht einen Raum, der Ausdruck von Gefühlen und Gedanken auf eine andere Weise ermöglicht. Viele Menschen lassen sich von der Vorstellung, dass es dabei um Kunst geht und sie sich nun einmal nicht als Künstler sehen, abschrecken. Doch ist es gar nicht der Anspruch von offenen Ateliers und anderen Einrichtungen, Kunst zu schaffen. Sie wollen vielmehr einen Rahmen für die Entfaltung kreativer Potenziale von Menschen jeglicher Couleur bieten, so auch für Personen, die mit einer Behinderung leben. Offene Ateliers gibt es vereinzelt bei Vereinen im Stadtteil, in Betreuungseinrichtungen oder auch in einem Museum. Es sind Orte, an denen man sich ganz ohne Zwang und Erfolgsdruck ausprobieren kann. Denn gemäß dem Motto

‚Nichts muss, aber alles kann hier entstehen' geht es allein um die Freude am Tun und nicht um das Erreichen bestimmter Ziele. Ein offenes Atelier wäre sicherlich auch für die angedachten Versuche von Beni und Rolf ein geeigneter Rahmen. Leider gibt es solche Angebote immer noch eher selten. Doch wenn man Freude daran hat und gern mit Gleichgesinnten einen solchen Ort zur Verfügung stehen hätte, warum dann nicht aktiv werden und Kontakt zum Kulturamt, einem Stadtteilverein oder zu heimischen Künstlern aufnehmen und die Idee vorstellen? Es wäre nicht das erste Projekt, das auf diesem Wege entstanden ist.

Obwohl Beni und Rolf keine regelmäßigen Besucher von Kunstausstellungen sind, haben sie die Museumsinsel in Berlin besichtigt und waren angetan von den Kunstschätzen, die dort präsentiert werden. Viele Menschen, die mit einer Beeinträchtigung leben, haben von jeher den Besuch von Kunsteinrichtungen und Ausstellungen genossen. Oft geben sie diese Leidenschaft jedoch auf, weil ihre Handicaps ihnen solche Besuche zu beschwerlich oder nicht mehr passend erscheinen lassen. Aus diesem Grunde wurden im deutschsprachigen Raum in den zurückliegenden Jahren diverse Angebote von Museumsführungen entwickelt, die den Umstand berücksichtigen, dass auch Menschen mit veränderter kognitiver Leistungsfähigkeit in den Genuss von Kunstbetrachtung kommen sollen. Diese Angebote sind ‚schwellenarm' angelegt, das heißt: Sie beachten wichtige Aspekte wie Langsamkeit, Sprache und Erinnerungsvermögen und setzen auf eine sinnesorientierte Vermittlung ihrer ‚Schätze'. Bei einem Museumsbesuch kann man sich jedoch nicht nur an den Zeugnissen der Kreativität anderer ergötzen. Die aktive Auseinandersetzung mit kulturellen Exponaten stellt selbst schon einen kreativen Akt dar und löst im besten Fall Impulse für eigene schöpferische Aktivitäten aus.

Und wenn man schon über Kultur spricht: Neben der bildenden Kunst sind auch Theater und Musik Bereiche, die zum Wohlbefinden und zur Freisetzung kreativer Energien beitragen können. Sei es, weil auch hier einzelne Kultureinrichtungen dazu übergehen, sich für Menschen mit Vergesslichkeit und kognitiven Problemen stärker zu öffnen. Oder sei es, weil Theater und Musik sich gut dazu eignen, aktiv schöpferisch tätig zu werden. Mittlerweile gibt es Theatergruppen und Theaterprojekte, die beeinträchtigten Personen die Möglichkeit eröffnen, sich ‚spielerisch' zu entfalten. Und im Bereich der Musik ist der Chor, an dem Beni und Rolf teilgenommen haben, keineswegs das einzige oder gar erste Angebot dieser Art im deutschsprachigen Raum. Vereinzelt gibt es auch spannende Beispiele für eher experimentell ausgerichtete Ansätze, in denen mit Klängen, Tönen und Geräuschen gearbeitet wird. Hier, aber auch bei allen anderen vorausgehend genannten Angeboten gilt in der Regel das Prinzip, dass von den Teilnehmenden keinerlei Vorkenntnisse verlangt werden. Nur eine Voraussetzung muss man mitbringen: Neugier und die Offenheit für bis dahin ungewohnte Erfahrungen.

Ob nun offenes Atelier, Museum, Theatergruppe, Chor oder Klangwerkstatt: Sie alle bergen große Potenziale für die Entfaltung kreativer Kräfte. Sie führen Menschen zusammen und schaffen soziales Miteinander. Wünschenswert ist, dass sie das auch breit angelegt tun – oder inklusiv, wie es in der Fachsprache heißt. Rolf und Beni brauchen, ebenso wie die meisten anderen Menschen in einer vergleichbaren Situation, keine abgeschlossenen Inseln des Betroffenseins. Hilfreicher sind Orte, an denen sich Jung und Alt, Gesund und Krank, hier oder dort Geborene mischen. Sie könnten tatsächliche Brutstätten von Kreativität und gegenseitiger Stärkung sein.

17. Lewy-Body-Demenz in Theorie und Praxis – Ein Test

Wahrheiten kann man nicht durch Beweisketten erschließen,
man muß sie erproben.
(Antoine de Saint-Exupéry)

In den Gesprächen zu unserem gemeinsamen Buch taucht bei Beni und Rolf immer wieder ein Thema auf. Was besagt eigentlich eine Diagnose wie die der *Lewy-Body-Demenz*? Die offizielle Definition besagt im Kern, dass es bei dieser Demenzform innerhalb von Nervenzellen im Hirnstamm und der Hirnrinde zur Bildung sogenannter *Lewy-Körperchen* kommt, die aus anormalen Zusammenlagerungen eines speziellen Eiweißes bestehen. Weit wichtiger als eine Definition sind allerdings die Symptome und Auswirkungen, die dieser Krankheit zugeschrieben werden und die sie letztendlich definieren. Trifft das, was als zentrales Merkmal und als Kernmerkmale offiziell gesetzt ist, die Erfahrung der betroffenen Menschen – in diesem Fall die von Beni und Rolf? Oder besteht gegebenenfalls eine große Kluft zwischen Theorie und erfahrener Realität? Hierüber führen wir ein intensives Gespräch. Diesem zugrunde liegen die einschlägigen medizinischen Definitionen und Symptombeschreibungen der Lewy-Body-Demenz. Alle Aspekte der Symptombeschreibungen besprechen wir der Reihe nach anhand eines Textes auf der Demenz-Webseite eines großen Wohlfahrtsträgers.

Peter: Das Folgende wird als charakteristische Symptomatik bezeichnet, die bei vielen Betroffenen bereits in frühen Entwicklungsphasen auftritt. Wagen wir doch einmal einen Abgleich mit dem, was ihr erlebt.

Fluktuation der Kognition: **Die geistige Leistungsfähigkeit, aber auch der Bewusstseinszustand bzw. die Wachheit können innerhalb von Stunden oder Tagen sehr stark variieren. Das zeigt sich zum Beispiel dadurch, dass Betroffene, die eben noch bei klarem Bewusstsein waren, plötzlich geistesabwesend, schläfrig oder lethargisch sind, keinem Gespräch mehr folgen können, verworren reden oder ihren eigenen Namen nicht mehr kennen.**

Beni: Nein, nein.

Rolf: Das alles trifft überhaupt nicht auf Beni zu. Die Wachheit, also der Tages- und Nachtschlafrhythmus, ist völlig normal.

Beni: Stimmt. Und ein Langschläfer war ich schon immer. Das ist alles so wie immer schon.

Rolf: Plötzlich geistesabwesend, schläfrig oder lethargisch: Das ist bei Beni alles gar nicht. Beni, du kannst einem Gespräch immer gut folgen und verworren redend habe ich dich noch nie erlebt.

Beni: Meinen Namen habe ich auch noch niemals vergessen. Ich habe Probleme mit Zahlen. Damit kann ich nicht mehr viel anfangen. Und eben die Uhr. Ich kann die Uhr nicht mehr richtig lesen. Aber meinen Namen oder so etwas vergesse ich nicht.

Peter: Gut, also der Umgang mit Zahlen und mit Uhren funktioniert nicht mehr, das ist eine Einschränkung, die du hast, Beni. Aber das hat ja mit den oben genannten veränderten Bewusstseinszuständen nichts zu tun.

Beni: Nein, gar nichts.

Rolf: Da passt wieder mein Lieblingssatz: Zeig mir hundert Menschen mit einer Demenzdiagnose und du wirst hundertmal sehr verschiedene Ausprägungen sehen: Der eine kann wunderbar sprechen, der andere hat damit Probleme. Eine oder einer kann toll schreiben, das kann ein anderer, zum Bespiel Beni, nicht mehr. Aber Beni hat eine wunderbare Orientierung! Letzte Woche war er zum Beispiel wieder in Basel, da hatte er einen Termin bei einem Arzt, den er von den Örtlichkeiten her auch noch gar nicht so gut kannte. Beni ist alleine da hin und alles hat wunderbar geklappt.

Beni: Als ich dann nachmittags wieder zuhause war, war ich platt wie eine Flunder und hab mich erst einmal kurz niedergelegt. Aber nicht, weil ich schläfrig und lethargisch bin, sondern weil ich schon um fünf Uhr morgens aufstehen musste.

Peter: Im Buch sprechen wir auch über Halluzinationen im Allgemeinen und bei dir, Beni. Die sollen ja auch ein Kernelement einer Lewy-Body-Demenz sein. Schauen wir also noch einmal drauf.

Wiederkehrende visuelle Halluzinationen: **Die Betroffenen sehen Dinge (Menschen, Situationen usw.), die nicht da sind, oder verkennen Dinge, die da sind. Diese Fehlwahrnehmungen sind typischerweise sehr komplex, detailliert und lebendig und enthalten häufig Personen oder größere Tiere. Akustische Halluzinationen sind dagegen selten. Halluzinationen werden von den meisten Betroffenen verständlicherweise als sehr belastend, manchmal auch bedrohlich erlebt und häufig gegenüber anderen Menschen aus Angst, für ‚verrückt' gehalten zu werden, verschwiegen. Aber auch für die Angehörigen können ausgeprägte Halluzinationen und Wahnvorstellungen stark belastend sein.**

Beni: Was heißt, Dinge verkennen?

Peter: Zum Beispiel, dass du eine große Palme im Zimmer stehen hast und diese für einen Menschen, vielleicht einen Einbrecher, oder spät abends in der Dunkelheit Bäume für Personen hältst.

Beni: So etwas habe ich noch nie gehabt.

Rolf: Halluzinationen hattest du ja vor längerer Zeit ab und an gehabt. Aber die hast du ja nicht als bedrohlich empfunden.

Beni: Nein, da habe ich keine Angst gehabt. Ich weiß ja, dass das keine Realität ist. Die Ärzte haben mich gefragt: „Sie wissen aber, dass das nicht wahr ist, oder?" Und ich habe geantwortet: „Na klar, ich bin ja nicht verrückt." Ich hatte das ja nur ganz zu Anfang ein wenig. Manches fand ich durchaus angenehm, wenn zum Beispiel meine Mutter da war. Und wenn ‚die Schwarzen' kamen, dann habe ich das mit meinem Kopf geregelt. Ich habe denen gesagt, sie sollen abhauen. Und dann sind sie auch gegangen und es war weg.

Peter: Du hast gesagt, so etwas kam nur ganz am Anfang kurzzeitig vor. Erlebst du heute noch Halluzinationen?

Beni: Nein, schon lange nicht mehr.

Rolf: Das hat nie eine große Rolle gespielt und das hat es tatsächlich schon sehr lange nicht mehr gegeben.

Peter: Was zum Nachdenken Anlass gibt, denn gerade diese optischen Halluzinationen werden bei einer Lewy-Body-Demenz als zentrale Symptome definiert.

Rolf: Diese Halluzinationen, die nie bei Beni im Vordergrund gestanden haben, sind eher in intensive Träume übergegangen. Beni hat die Gabe, sich an fast jeden seiner Träume erinnern zu können, insbesondere an die kurz vor dem Aufwachen. Da sind manchmal auch unschöne Träume. Dass er verlassen wird oder Ähnliches. Aber das ist vermutlich bei vielen anderen Menschen ebenso.

Peter: Noch einmal zu den offiziellen medizinischen Aussagen zur Lewy-Body-Demenz. Diese soll zwanzig Prozent aller Demenzfälle ausmachen und entweder als eigenständige Erkrankung auftreten oder sekundär im Rahmen einer bereits vorhandenen Parkinson-Krankheit. Auf diesen Aspekt zielt die nun folgende Symptombeschreibung ab.

Parkinsonismus: **Die motorischen Kardinalsymptome der Parkinson-Krankheit (Muskelsteifigkeit, Verlangsamung der Bewegung, leichtes Zittern, Gesichtsstarre, Flüsterstimme, Haltungsinstabilität) finden sich nicht unbedingt bei allen DLB-Erkrankten (an einer Lewy-Body-Demenz-Erkrankten; d. V.) und entwickeln sich oft erst im Verlauf der Erkrankung; häufig treten auch nur einzelne Symptome auf. Ausgeschlossen werden muss jedoch, dass es sich bei diesen Bewegungsstörungen um Nebenwirkungen von Medikamenten handelt.**

Rolf: Das Einzige, was aus dieser Aufzählung zutrifft, ist wohl die Muskelsteifigkeit bei Beni. Da ist nicht mehr genügend Kraft in den Muskeln und speziell in den Händen. Das hat sich in letzter Zeit verstärkt, das ist wohl wahr. Wenn du, Beni, zum Beispiel Gegenstände von der Küche ins Wohnzimmer rüber trägst, dann nimmst du nicht mehr zwei Sachen in die Hände, sondern nur noch eine, die du mit beiden Händen umfasst, damit du sie nicht fallen lässt.

Peter: Und was ist mit einer Verlangsamung der Bewegung?

Beni: Ich bin vorsichtiger geworden, aber das ist keine Verlangsamung der Bewegung. Ich zittere nicht, habe keine Gesichtsstarre und schon gar keine Flüsterstimme.

Rolf: Das kann ich alles bestätigen! Und Haltungsinstabilität ... nein.

Beni: Ich steige normal die Treppen oder Stufen herunter, und davon haben wir ja einige hier in der Wohnung.

Rolf: Noch mal zurück zu der Verlangsamung der Bewegung. Es ist so, wie Beni gesagt hat. Die gibt es so nicht, aber wir sind vorsichtiger geworden. Beni ist einmal auf dieser Riesenrolltreppe am Frankfurter Flughafen aus Unaufmerksamkeit zu Fall gekommen. Das hätte ebenso mir passieren können. Aber natürlich passen wir jetzt mehr auf solche Dinge auf, nehmen dann lieber den Aufzug als die Rolltreppe.

Peter: Kommen wir also zum räumlichen Denken und zur Orientierungsfähigkeit. Zur letzteren hattet ihr ja kurz schon etwas gesagt. Aber schauen wir wieder zuerst, was die offiziellen Experten dazu sagen.

***Störungen der visuell-räumlichen Informationsverarbeitung:* Komplexe kognitive Leistungen, die räumliches Denken oder eine gewisse Orientierungsfähigkeit verlangen (z. B. im Straßenverkehr), sind sehr früh im Krankheitsverlauf beeinträchtigt.**

Rolf: Nee, gar nicht! Das habe ich auch schon mal gelesen. Aber das trifft bei Beni ja nun überhaupt nicht zu. Es ist immer wieder erstaunlich und wir machen da auch ein kleines Spielchen draus. Als wir am Mittwoch in Basel einen Termin im Wirrgarten hatten, sind wir bereits etwas früher in der Stadt gewesen und haben am Rhein gesessen und ein Eis gegessen. Wir haben nicht so auf die Zeit geachtet und mussten daher kurz vor halb fünf etwas überstürzt los. Ich wäre jetzt wieder den Weg gegangen, den wir auch gekommen waren. Der hätte zwar einen Umweg bedeutet, aber ich wäre auf Nummer sicher gegangen, immer an der Hauptstraße entlang. Beni aber nicht. Er hat nur gesagt, lass uns eine Abkürzung gehen, hier quer durch die ganzen kleinen Gassen. Und da hat er uns beide ganz souverän zu unserem Ziel geführt. Das war mal wieder typisch: Während ich einen Umweg gegangen wäre oder mein Navi auf dem Handy in Gang gesetzt hätte, hat Beni mit seiner Demenzdiagnose mich geführt.

Peter: Schon witzig, weil es in dem Text oben ja heißt, diese räumlichen Orientierungsfähigkeiten wären gerade im frühen Krankheitsverlauf beeinträchtigt.

Beni: Nein, ich gehe alleine nach Basel, ich gehe in unseren Dorfladen und anderswohin. Das klappt.

Störungen der sogenannten exekutiven Funktionen: **Antrieb, Aufmerksamkeitssteuerung und Konzentrationsfähigkeit sind frühzeitig vermindert. Die Betroffenen haben Schwierigkeiten, Entscheidungen zu treffen sowie Handlungen zu planen, zu organisieren und auszuführen. Die Flexibilität im Denken nimmt ab, das Arbeitstempo ist allgemein verlangsamt. Eine vergleichsweise starke Beeinträchtigung der exekutiven Funktionen ist besonders typisch für die PDD (Parkinson-Demenz, d. V.) und steht bei den meisten Betroffenen im Vordergrund der Symptomatik.**

Rolf: Mmh, ja. Das trifft ein wenig zu. Das Arbeitstempo ist verlangsamt. Klar, Beni ist langsamer als früher.

Beni: Ich weiß, dass ich langsamer geworden bin. Wenn ich zum Beispiel zum Arzt gehe, dann mache ich das so, dass ich schon früher dort bin, damit ich auch pünktlich sein kann. Solche Dinge mache ich, weil ich weiß, ich bin nicht mehr so schnell und wenn der Bus jetzt abfährt, dann komme ich nicht mehr dorthin. Da gehe ich dann doch lieber schon früher los und stehe an so einem Tag auch einmal früher auf.

Rolf: Aber nun ja nicht nur wegen der Langsamkeit, sondern auch, weil du zum Beispiel die Uhr nicht lesen kannst und so fort.

Beni: Ganz genau!

Peter: Nun ist in dem Text oben auch die Rede davon, Handlungen zu planen und zu organisieren. Auch das soll nicht mehr gut funktionieren. Aber was du gerade schilderst, kann ja etwas damit zu tun haben, dass du langsamer geworden bist und lieber auf Nummer sicher gehen möchtest, als irgendwo zu spät anzukommen. Ansonsten ist es aber eine Bestätigung dafür, dass du sehr wohl Handlungen planen und organisieren kannst. Du überlegst dir ja, dass du früh losmusst, wie du das anstellst, du organisierst das Ganze, die Busfahrt und so weiter. Und auch wenn du zum Einkauf ins Lädeli gehst, planst und organisierst du das ja: Uhrzeit, Weg, Einkaufsliste, Geld, Tasche ...

Rolf: Dass du nicht mehr so gut die Zeit einschätzen und die Uhr lesen kannst, das beeinträchtigt dich, Beni, ja schon. Du stehst dann früher als sonst auf, gehst früher los, baust dir also Sicherheitspuffer ein und es entsteht schon eine ein gewisser Druck oder Stress.

Peter: Das ändert allerdings nichts an der Tatsache, dass hier komplexe Planungsprozesse stattfinden, oder?

Rolf: Ja, das stimmt.

Peter: Unsicherheit in Handlungsplanung und Umsetzung von Handlungen würde eher bedeuten, dass du unschlüssig bist, dich nicht in Bewegung setzt, zögerst, nicht genau weißt, wie du es anpacken sollst und es nur halbherzig oder gar nicht angehst.

Rolf: Das stimmt. Wir wollen ja nichts schönreden, aber so wie das alles in dem Text steht, haut das nicht hin.

Beni: Was mir große Probleme macht, sind Dinge wie den Reißverschluss zu schließen und dergleichen. Das bekomme ich nicht mehr hin. Da machen meine Hände einfach nicht mehr richtig mit.

Rolf: Ja, das ist ein großes Problem. Aber das ist etwas anderes als das, was da zu Schwierigkeiten bei der Handlungsplanung und Umsetzung geschrieben wurde. Ich habe immer bei solchen Texten den Verdacht, dass die Autoren von fünfundachtzigjährigen Betroffenen ausgehen, bei denen ja tatsächlich manche Dinge eher zutreffen. In dem Alter ist man vermutlich öfter etwas langsamer und hat größere Schwierigkeiten bei bestimmten Dingen. Da wird nicht die jüngere Person wie beispielsweise Beni berücksichtigt.

Peter: Wir haben noch einen Aspekt vergessen: Konzentration. Wie schaut es damit aus?

Rolf: Wenn es darum geht, sich mit einer Sache zu beschäftigen, dann klappt das bei Beni auch mit der Konzentration. Schwieriger wird es beim so genannten Multitasking, also mehrere Dinge gleichzeitig zu tun.

Beni: Ja, das geht nicht mehr.

Peter: Kommen wir zum Schlaf.

Verhaltensstörungen während des REM-Schlafs (Schlafphase, die unter anderem durch schnelle Augenbewegungen bei geschlossenen Lidern gekennzeichnet ist, d. V.): **Die Betroffenen agieren nachts häufig ihre (Alp-)Träume aus, indem sie sprechen, schreien, mit Händen oder Beinen um sich schlagen, und dabei auch aus dem Bett fallen können. Während der sogenannten REM-Schlafphase, in der die meisten Träume stattfinden, ist die Muskelspannung normalerweise so stark herabgesetzt, dass unwillkürliche Bewegungen verhindert werden. Bei der LBD und PDD fehlt jedoch diese Muskelatonie. Die nächtlichen Verhaltensstörungen sind nicht nur für die Angehörigen mitunter sehr unangenehm und belastend, sondern können auch zu gefährlichen Verletzungen bei den Betroffenen führen.**

Rolf: Das ist alles nicht so. Wir beide haben einen ganz normalen Schlaf. Aber ehrlich: Mir haben die Ärzte das seinerzeit ja auch gleich so angekündigt, wie das hier beschrieben wird. Ich habe mir nur noch überlegt, wie ich das in Zukunft wohl aushalten soll. Meine Horrorvorstellung war: Ich werde nachts von einem schreienden und um sich schlagenden Beni geweckt und muss mich ins Nebenzimmer flüchten! Aber nein, davon trifft rein gar nichts zu. Das ist bei uns nicht so.

Neuroleptika-Überempfindlichkeit: **Bei etwa fünfzig Prozent der Betroffenen besteht eine schwere Unverträglichkeit gegenüber antipsychotischen Medikamenten (Neuroleptika), die sich akut in schwerem Parkinsonismus, vor allem einer erhöhten Muskelsteifigkeit, außerdem Verwirrtheit und Bewusstseinstrübungen bis hin zu komatösen Zuständen (z.B. tagelangem Tiefschlaf) äußert. Psychische Störungen wie Depressionen und Ängste, aber auch wahnhafte Symptome können sich verschlechtern oder neu auftreten. Diese Unverträglichkeitsreaktionen können lebensbedrohlich sein und tragen insgesamt zu einem erhöhten Sterblichkeitsrisiko bei.**

Beni: So was nehme ich ja nicht. Ich habe ein Pflaster und jetzt dazu noch ein neues Medikament.

Rolf: Das ist wohl ziemlich neu auf dem Markt und das haben sie Beni jetzt auch angeboten.

Beni: Das bekommt mir auch ganz gut, es hat gut angeschlagen. Ich bin wieder etwas aufgestellter.

Rolf: Das sind Antidementiva. Aber Neuroleptika nimmt Beni nicht.

Peter: Darüber solltet ihr euch freuen! Wenn Neuroleptika bei fünfzig Prozent der Betroffenen solche Auswirkungen haben, wie sie oben beschrieben werden, und sich das Sterberisiko drastisch erhöht, dann kann man nur sagen: Finger davon. Das ist ja ohnehin tragisch, dass viele Symptome, die einer Demenz zugeschrieben werden, von Medikamenten herrühren, die man den Personen gibt. Also: allergrößte Vorsicht bei Medikamenten! Kommen wir zum letzten Punkt der Beschreibung von Symptomen.

Orthostatische Hypertonie: **Darunter versteht man einen schnellen Blutdruckabfall mit Symptomen wie Schwindel, Schwächegefühl, Zittern oder Herzklopfen, der meist durch den Wechsel von liegender zu stehender Position verursacht wird. Bei den Betroffenen kommt es, auch bedingt durch ihre Gleichgewichtsstörungen bzw. Haltungsinstabilität (Parkinsonismus), vor allem beim Aufstehen und längeren Stehen häufig zu Stürzen, Ohnmachtsanfällen und Bewusstlosigkeit.**

Beni: Nein, nein. Da ist nichts. Einen etwas erhöhten Blutdruck habe ich, aber den habe ich schon seit Jahren und nehme täglich eine Tablette. Alles, was da oben steht, habe ich nicht.

Anmerkung:
Die Beschreibung der Symptome stammen aus einem Text auf einer Demenzwebseite der österreichischen Diakonie und stehen stellvertretend für die Beschreibungen in fast allen anderen offiziellen Publikationen und Veröffentlichungen zu diesem Thema.

18. Die Kluft zwischen Theorie und Realität – Ein Gespräch

Theorien sind die todschicken Begleiter des Irrtums.
(Billy, eigentlich: Walter Fürst)

Peter: Ich fasse einmal zusammen, was ihr in dem vorangehenden Gespräch und in vielen davor gesagt habt. Du, Beni, hast eine Reihe von Beeinträchtigungen. Diese betreffen das Rechnen, das Lesen der Uhrzeit, das Schreiben, auch die verbale Ausdrucksfähigkeit. Halluzinationen hast du ganz am Anfang einmal kurz gehabt, aber die hast du gut händeln können und sie sind schon seit langem verschwunden. Besonders belastend sind für dich die motorischen Fähigkeitseinschränkungen im Bereich der Hände. Anziehen, Ausziehen und dergleichen mehr sind schwierig und in Teilbereichen auch nicht mehr eigenständig möglich. Das macht sich im Alltag besonders bemerkbar. Du bist langsamer als früher, beherrschst das Multitasking nicht mehr und hast ein paar Sicherheitsstrategien entwickelt. So planst du Termine, zum Beispiel beim Arzt, ganz anders als früher. Und in vorangegangenen Gesprächen habt ihr geschildert, dass es Veränderungen im emotionalen Bereich gibt. So ist dir die Nähe zu deinem Mann noch viel wichtiger geworden als einstmals. Das alles zusammen macht das Leben komplizierter, als man es beim Lesen dieser *Sätze* denken würde. Ein Teil deiner Selbständigkeit ist verloren gegangen und du bist stärker auf die Unterstützung anderer Personen angewiesen. Allen voran natürlich die Unterstützung deines Mannes. Stimmt mein Fazit bis hierhin?

Beni: Ja, das stimmt bis hierhin. Durch die verstärkte Unsicherheit, die mit der Demenz einhergeht, hat sich das Gefühl nach Sicherheit natürlich verstärkt.

Deshalb freue ich mich über jede Minute, die ich mit Rolf zusammen sein kann. Das bedeutet für mich ja auch Hilfe bei Unsicherheiten. Er hilft mir beim Anziehen, wenn ich manchmal die richtigen Worte nicht finde und bei vielen anderen Dingen.

Rolf: Beni ist ängstlicher geworden. Das heißt, Dinge, die ihm schon immer unangenehm waren, haben sich verstärkt. Die Angst vor Dunkelheit zum Beispiel. Einmal war Beni abends bei Dunkelheit in der Waschküche im Keller. Während er die Wäsche sortierte, kam er versehentlich an den Lichtschalter und knipste das Licht aus. Es war stockdunkel, er bekam Panik und fand den Schalter nicht mehr. Ein gesunder Mensch hätte da vielleicht ruhiger reagiert. Aber in dem Moment hatte er einfach nur Angst vor der Dunkelheit. Aber Beni wäre nicht Beni, wenn er sich auch nicht hier zu helfen gewusst hätte. Er schrie um Hilfe und ein Nachbar, der im Treppenhaus unterwegs war, eilte herbei. Viele Emotionen haben sich verstärkt. Beni war immer schon nahe am Wasser gebaut, so zum Beispiel beim Anschauen von traurigen Filmen. Das hat sich verstärkt. Auch, wenn im Fernsehen über Krieg, Tote und so fort berichtet wird. Da fließt schon manchmal eine Träne.

Peter: Gut, dann schauen wir uns einmal an, was du alles kannst. Du kannst dich relativ gut fortbewegen, sowohl in eurer Wohnung als auch draußen und in anderen Umgebungen. Du hast ein alles in allem gut funktionierendes Gedächtnis und kannst dich unterwegs in der Regel gut orientieren. Du gehst selbständig in eurem Dorfladen einkaufen und fährst selbständig nach Basel zum Bummeln oder zum Arzt. Du tust Dinge, die dir Freude machen. Zum Beispiel Musik hören oder auf dem Balkon sitzen und den Vögeln lauschen. Du pflegst deine sozialen Kontakte, sowohl telefonisch als auch in der persönlichen Begegnung. Du scheust dich nicht, andere Menschen um Unterstützung zu bitten. Zum Beispiel beim Schließen des Reißverschlusses an der Jacke oder des Gürtels an der Hose. Du bist neugierig, gehst auf Menschen zu und unterhältst dich gerne mit ihnen. Du bist offen für Neues und unternimmst mit Rolf auch immer wieder viel Neues. Was deine Persönlichkeit mit all ihren tollen Seiten und ihren Macken angeht, betonen Rolf und alle anderen, die ich sprechen konnte, dass da keine Veränderungen bei dir zu bemerken sind. Du bist ganz der Alte geblieben. Stimmt auch dieses Fazit bis hierhin?

Beni: Ja, ich bin kein anderer als vorher. Das sagen mir auch alle Menschen, die mich kennen.

Rolf: Also, das oben ausgeführte Fazit kann ich voll und ganz bestätigen. Das trifft alles so zu. Auch, dass sich Beni in seiner Persönlichkeit nicht verändert hat. Die Macken und Angewohnheiten sind die alten geblieben. Beni ist derselbe liebenswerte Mensch, der er immer schon war. Gefühlsduselig, Beni, verzeih mir den Ausdruck, war er auch schon immer. Das hat sich jetzt noch einmal verstärkt, ist aber nicht neu. Eher negative Eigenschaften haben sich nicht verstärkt.

Peter: Gut, dann schauen wir noch einmal darauf, was in der offiziellen Fachliteratur, in Ratgebern und in Aussagen von Ärzten zu Menschen mit einer Lewy-Body-Diagnose, wie du sie hast, gesagt wird. Danach muss eine Person mit dieser Diagnose von den nachfolgenden Verhaltensweisen und Symptomen einen erheblichen Teil aufweisen. Manche mehr oder weniger zwingend, andere als Option.

Die geistige Leistungsfähigkeit schwankt, wer gerade noch bei klarem Bewusstsein war, ist in der nächsten Sekunde geistesabwesend, schläfrig und lethargisch. Er redet verworren daher, kann keinem Gespräch mehr folgen und weiß im schlimmsten Fall nicht einmal mehr seinen Namen. Der betroffene Mensch sieht plötzlich merkwürdige Gestalten oder Tiere, die gar nicht da sind, oder er hält eine Zimmerpflanze irrtümlicherweise für eine Katze. Das macht ihm Angst, aber er verschweigt es lieber, damit ihn die Umwelt nicht für verrückt erklärt. Den Angehörigen belastet das Ganze ebenfalls extrem. Der Betroffene ist in seinen Bewegungen sehr verlangsamt, seine Muskeln versteifen sich, sodass er beispielsweise nicht mehr die Kaffeebüchse öffnen oder sich einen Pullover anziehen kann. Aus seinem starren Gesicht kommen flüsternde Töne und die Teetasse kann er wegen eines leichten Zitterns nicht mehr halten, ohne den Inhalt zu verschütten. Alleine spazieren gehen oder sich im Straßenverkehr zurechtfinden ist kaum möglich, denn die kognitiven Leistungen, die für räumliches Denken und eine gewisse Orientierungsfähigkeit verantwortlich sind, sind bereits sehr früh im Krankheitsverlauf beeinträchtigt. Doch wird sich die Person ohnehin kaum aus eigener Initiative nach außen bewegen oder irgendetwas anderes tun, denn der Antrieb ist vermindert, die Konzentration und Aufmerksamkeit sind deutlich reduziert. Und ein Spaziergang oder der Besuch bei einer anderen Person ist ohnehin recht unrealistisch, weil der Betroffene Schwierigkeiten hat, sich für etwas zu entscheiden. Und noch weniger, etwas zu planen und dann auch noch zu organisieren und auszuführen. Die Nächte gestalten sich schwierig. Denn vermutlich wird der Betroffene Alpträume haben, er wird im Schlaf sprechen und sogar schreien. Sein neben ihm liegender Partner muss sich hüten, um nicht von wild um sich schlagenden Händen und Füßen getroffen und verletzt zu werden. Es bleibt zu hoffen, dass kein Arzt der Person gegen solche belastenden Verhaltensweisen Neuroleptika verschreibt. Denn dann ist die Chance groß, erst recht an Muskelsteife zu leiden und verwirrt zu werden, Bewusstseinstrübungen, Angst und Depressionen zu entwickeln oder sich wahnhaft zu verhalten. Und das bei einem Zustand, bei dem Schwindel, Zittern, Herzklopfen ohnehin Probleme bereiten können und es durch Gleichgewichtsstörungen und eine Instabilität der Haltung zu Stürzen, Ohnmachtsanfällen und Bewusstlosigkeit kommen kann.

Jedes der hier beschriebenen Symptome wird beim einen oder anderen Betroffenen auch auftreten. Es wird nirgendwo behauptet, dass sie alle genauso auftreten oder dass sie alle zusammen gegeben sein müssen. Einige werden jedoch als zwingend erachtet, um überhaupt von einer Lewy-Body-Demenz sprechen zu können. Was in der Wissenschaft und Medizin als Kriterien für eine *mögliche* oder eine *wahrscheinliche* Lewy-Body-Demenz gilt, hinterlässt mit Blick auf dich, Beni, zumindest Fragezeichen. Wie lautet denn deine Diagnose ganz exakt?

Beni: 2017 hieß sie „wahrscheinliche Lewy-Body-Demenz".

Rolf: Und 2020 lautete deine offizielle Diagnose dann „‚majore neurokognitive Störung', am ehesten im Sinne einer wahrscheinlichen Demenz mit Lewy-Körperchen, möglicherweise in Kombination mit einer Alzheimer-Krankheit".

Infokasten

S-3-Leitlinie Demenzen

I. Das zentrale Merkmal der LKD (Lewy-Körperchen-Demenz, d.V.) ist eine Demenz, die mit Funktionseinschränkungen im Alltag einhergeht. Die Gedächtnisfunktion ist beim Erkrankungsbeginn relativ gut erhalten. Aufmerksamkeitsstörungen, Beeinträchtigungen der exekutiven und visuo-perzeptiven Funktionen sind häufig.

II. Kernmerkmale sind:

- Fluktuation der Kognition, insbesondere der Aufmerksamkeit und Wachheit
- Wiederkehrende ausgestaltete visuelle Halluzinationen
- Parkinson-Symptome.

III. Stark hinweisende Merkmale sind:

- Verhaltensstörungen im REM-Schlaf (Schreien, Sprechen, motorisches Ausagieren von Träumen)
- Ausgeprägte Neuroleptika-Überempfindlichkeit

- Verminderte dopaminerge Aktivität in den Basalganglien, dargestellt mit SPECT oder PET.

Für die Diagnose mögliche LKD muss das zentrale Merkmal zusammen mit einem Kernmerkmal vorkommen. Wenn Kernmerkmale fehlen, genügt mindestens ein stark hinweisendes Merkmal für die Diagnose einer möglichen LKD. Für die Diagnose wahrscheinliche LKD müssen mindestens zwei Kernmerkmale oder ein Kernmerkmal zusammen mit mindestens einem stark hinweisenden Merkmal erfüllt sein.
https://www.awmf.org/uploads/tx_szleitlinien/038-013l_S3-Demenzen-2016-07.pdf

Rolf: Das mit der Alzheimer-Krankheit verstehe ich ja nun gar nicht! Aber das Ganze bestätigt, was ich oft sage. Die Demenzen sind fast immer eine Mischform von verschiedenen Faktoren. Es gibt doch kaum Demenzdiagnosen, die wirklich eindeutig sind. Vielleicht eine frontotemporale Demenz. Aber fast alles andere ist doch eine Mischung von ganz unterschiedlichen Dingen, alles unter einen großen Begriff gepackt.

Peter: Und so ein Begriff wird dann in die Welt gesetzt und entfaltet eine große Wirkung. Wie bei euch geschehen und von euch berichtet. Die Ärzte geben dem ‚Ding' den Namen Lewy-Body-Demenz (s. S. 13). Ihr akzeptiert notgedrungen natürlich diese Bezeichnung, googelt und findet die einschlägigen Beschreibungen, wie wir sie uns in diesem Gespräch einmal genauer vorgenommen haben. Und ihr bekommt Angst, spürt Verzweiflung, seht nur noch schwarz für die Zukunft. Weil ihr das, was ihr lest und hört, ja für bare Münze nehmt. Jetzt geht es eigentlich gar nicht mehr genau darum, was mit Beni passiert, welche Probleme er im Alltag hat und wie man damit umgehen kann. Diese Zuschreibung, diese Diagnose erschlägt alles und setzt etwas Gewaltiges in Gang. Und das, obwohl sie doch so ein unsicheres, flattriges Gebilde ist.

Beni: Wir haben auch gelesen, dass man mit dieser Diagnose nur noch eine Lebenszeit von sieben bis acht Jahren hat. Ich habe meinen Arzt dann gefragt, was es damit auf sich hat. Er hat mir geantwortet: „Wissen Sie, das sagt man halt so. Das ist halt so ein Wert, der irgendwo steht." Dann ich wieder: „Glauben Sie jetzt nicht, dass Sie mit mir nur diese paar Jahre Arbeit haben werden. Ich will mindestens noch zwanzig Jahre mit Rolf leben." Da hat er gelacht und gemeint: „Das sind Sie! Bleiben Sie so!"

Rolf: Diese Informationen zur angeblichen Lebenszeit mit solch einer Diagnose haben uns am Anfang auch fertig gemacht. Aber auch sie sind Quatsch. Vielleicht ist das ein statistischer Mittelwert. Aber in den gehen Leute ein, die mit neunzig so etwas bekommen und Menschen wie Beni, die vielleicht gerade mal Anfang sechzig sind. Das besagt nichts, macht aber Angst.

Peter: Was läuft falsch und was sollte man anders machen?

Rolf: Das hat ganz viel mit Kommunikation zu tun. Wie kommuniziert und was kommuniziert wird. Als Beni seinerzeit zu Untersuchungen im Spital war, hat man das schon gesehen. Die Untersuchungen sind dort wirklich gut gemacht worden. Aber die Kommunikation haperte. Beni hat dann beispielsweise recht schnell ein Pflaster bekommen, das schon auf etwas wie Demenz hindeutete. Aber gesprochen wurde darüber nie. Dabei war auch ich jeden Tag vor Ort in der Klinik. Man hätte mich einmal ansprechen können. Aber weder mit mir noch mit Beni wurde darüber gesprochen. Die Ärzte hatten dafür offensichtlich keine Zeit. Und wie dann später das Diagnosegespräch abgelaufen ist, haben wir ja bereits an anderer Stelle in diesem Buch beschrieben. Das betrifft die Frage, *wie* oder *ob* überhaupt mit jemandem kommuniziert wird. Aber wir hatten ja auch die Frage angesprochen, *was* letztendlich zum Thema Demenz kommuniziert wird.

Peter: Vor mehreren Jahren hat man im DSM-5, das ist das dominierende psychiatrische Klassifikationssystem in den USA, das aber auch andernorts Anwendung findet, für den bis dahin geltenden Oberbergriff „Demenz" die Bezeichnung neurokognitive Störungen eingeführt. Ihr findet das ja auch schon in der Diagnose von Beni aus dem Jahr 2020. Das geschah sicherlich, weil Demenz als Begriff viel zu ungenau und nichtssagend ist. Nun kann man die konkreten Beeinträchtigungen der jeweiligen Person genau beschreiben, ohne dem Ganzen einen furchterregenden Begriff aufzusetzen. Könnte uns das weiterbringen?

Rolf: Ja, auf jeden Fall. Das wäre gut, wenn man das dann genauer beschreiben würde. Ich denke gerade an die hundert Leute, die ich vorhin zitiert habe. Die bekommen jetzt alle die Diagnose Demenz, obwohl alle unterschiedliche Probleme haben. Was ich auch glaube: Man sollte einem Menschen nicht irgendwann einmal eine Diagnose geben und dann bleibt die so stehen. Man müsste sich die Dinge ganz am Anfang anschauen, dann aber immer wieder aufs Neue. So würde man sehen, was sich vielleicht verändert hat oder nicht mehr zutrifft. Das müsste fortlaufend geschehen, auch zu viel späteren Zeitpunkten.

Peter: Beni, du sprichst ja sehr offen über deine Behinderung und deine Beeinträchtigungen. Kannst du denn für dich den Begriff der Demenz annehmen und akzeptieren?

Beni: Nein, damit kann ich gar nichts anfangen.

Anmerkung: In der Tat hat Beni 2017 die Diagnose *Lewy-Body-Demenz* erhalten. Im Buch schildern wir, wie wir im Lauf unserer Gespräche immer mehr Zweifel an der Richtigkeit dieser Diagnose entwickelt haben. 2021 fanden unsere Zweifel schließlich eine Bestätigung. Ärzte des Demenz-Therapiezentrums Bad Aibling schlossen sich ihnen an und kamen nach entsprechenden Untersuchungen zu dem Schluß, dass es sich bei Beni mit großer Wahrscheinlichkeit um keine Lewy-Body-Demenz handelt und am wahrscheinlichsten die Diagnose PCA (Posteriore kortikale Atrophie) ist. Im Text, der den Zeitraum zwischen 2017 bis zum Sommer 2021 umfasst, ist natürlich dennoch meistens von der Lewy-Body-Demenz die Rede. Nur in wenigen Fällen haben wir diesen Begriff durch die allgemeinere Bezeichnung Demenz ersetzt. Aus bestimmten Gründen findet diese Bezeichnung im Buch Verwendung, obwohl einer der Autoren sie für ungeeignet zur Bezeichnung neurokognitiver Beeinträchtigungen hält.

19.
Bino, der Magier –
Wie wir einem Hund helfen wollten und der Hund uns helfen sollte

Einem Menschen, den Kinder und Tiere nicht leiden können, ist nicht zu trauen.
(Carl Hilty)

„Na, du Kleiner! Was bist du denn für ein hübscher Hund! Darf ich den mal streicheln?“ Rolf und Beni sitzen im Flieger nach Gran Canaria. Kurz zuvor hat Beni die Diagnose Lewy-Body-Demenz erhalten. Ihren bereits gebuchten Urlaub abzusagen, hatten die beiden Männer kurz überlegt, sich dann aber doch anders entschieden. Vor ihnen sitzt ein Ehepaar mit einem kleinen Hund. Ein Biewer Terrier, wie Rolf ganz schnell im Internet herausfindet. „Ganz unsere Kragenweite“, meint er. Im Flugzeug gilt solch ein Hund als Handgepäck. Bei einem Gewicht von zwei bis maximal dreieinhalb Kilogramm auch kein Kunststück. Den ganzen Flug über sind Beni und Rolf mit dem zierlichen Wollknäuel vor ihnen beschäftigt. Was sie zu diesem Zeitpunkt noch nicht ahnen: Am Ende ihres bevorstehenden Urlaubs werden sie selbst auch Hundebesitzer sein.

„Jetzt musst du nicht mehr arbeiten gehen. Da könnten wir eigentlich auch einen Hund anschaffen.“ Dieser Vorschlag von Rolf findet bei Beni sofort Gefallen. Dass sie sich einen Hund zulegen wollen, ist seit Jahren eine ausgemachte Sache. Geplant war ursprünglich, dieses Vorhaben umzusetzen, wenn beide das Arbeitsleben beendet und in den Ruhestand getreten sind. Durch Benis Erkrankung hat sich die Situation jedoch schlagartig geändert. Nichts auf irgendwann später verschieben, sondern schon heute tun, lautet die Devise der beiden Männer. Sich einen Hund im Urlaub anzuschaffen, war jedoch nicht eingeplant. „Durch die Begegnung mit dem Biewer Terrier im Flugzeug waren unsere Antennen offensichtlich voll auf das Thema Hund ausgerichtet“, glaubt Rolf.

Katzen und Hunde auf der Straße gehören zum normalen Bild auf Gran Canaria. Um das Schicksal der freilaufenden Tiere kümmern sich diverse Vereine und engagierte Menschen. Einem dieser Menschen, einer Frau aus Hamburg, begegnen Rolf und Beni eines Tages. Sie betreut eine der vielen Auffangstationen auf der Insel und lädt die beiden interessierten Urlauber dorthin ein.

„In dieser Station kam ein Hund sofort auf uns zu. Ein süßer kleiner weißer Hund! Er ist an uns hochgesprungen und hat sich gefreut. Das war Liebe auf den ersten Blick.“ Nicht nur Beni, auch Rolf ist gleich hingerissen. Zur Sicherheit unternehmen die beiden noch einen zweistündigen Spaziergang mit dem Vierbeiner und schlafen noch einmal in Ruhe über ihr Vorhaben. Doch dann steht fest: Bino wird adoptiert! Die beiden Urlauber können ihren neuen Freund jedoch am Ende des Urlaubes nicht sogleich mit in seine neue Heimat nehmen. Auf den Vierbeiner warten noch ärztliche Untersuchungen und Impfungen, bevor er in der Obhut eines Flugpaten die Reise nach Deutschland antreten kann. Solche Patenfunktionen nehmen Urlauber wahr, die gerne bereit sind, für ein paar Stunden ein kleines Tier auf ihrem Rückflug zu betreuen. Beni und Rolf sind aufgeregt, als sie sich zum Stuttgarter Flughafen aufmachen, um Bino in Empfang zu nehmen. Wird er sich noch an sie erinnern? Alle Ängste, der Terrier könnte seine Zuneigung zu den beiden Männern mittlerweile aufgegeben haben, erweisen sich als unbegründet. Bino, für den das Reisen im Flugzeug bisher noch nicht zum Alltag seines Hundelebens gezählt hat, ist genauso freundlich und zugetan wie beim ersten Kennenlernen auf Gran Canaria. „Wir wollten einen Hund, weil wir Tiere mögen. Wir wollten zu diesem Zeitpunkt einen Hund auch schon vor meiner Berentung, weil wir dachten, das wäre gut für Beni. Beni war jetzt ja immer zuhause. Mit einem Hund kann man sich wunderbar beschäftigen, er schenkt dir Zuneigung und du hast eine Aufgabe. Darum ging es uns auch. Mit dem Hund spielen, ihn füttern, Gassi gehen. Das wäre doch etwas sehr Schönes für Beni, haben wir gedacht.“

An der grundsätzlichen Chemie zwischen den dreien hat es nicht gefehlt. Und dennoch müssen sich Beni und Rolf schon bald eingestehen, dass die Hundeadoption keine so gute Idee war. Rolf schildert: „Ein Hund muss erzogen werden. Bino war damals schon zwei Jahre alt. Er ist auf Gran Canaria draußen unterwegs gewesen, hat sich als freilaufender Hund durchkämpfen müssen. Er war ein sehr netter Hund, aber auch ein kleiner spanischer Macho!"

„Ich bin jeden Tag mit ihm bestimmt sieben Mal draußen gewesen", sagt Beni. „Ich bin auf ihn eingegangen und wir haben uns gemocht. Wenn ich mit ihm

Abbildung 19-1: Mit Hund Bino

durchs Dorf gezogen bin, ist er gleich auf alle anderen Hunde losgegangen, die uns begegnet sind. Wenn uns die Leute von weitem gesehen haben, haben sie schnell mit ihrem Hund abgedreht. Bino war vom Typ Kämpfer."

Das allein hat die beiden Männer aber nicht abgeschreckt. Sie haben sich viele Gedanken gemacht, warum das Zusammenleben mit Bino letztendlich gescheitert ist. Rolf sagt: „Hunde sind schlau. Sie merken genau, wo der Hase läuft. Wir beide waren zu unerfahren, um es mit einer Kämpfernatur wie Bino aufnehmen zu können. Ich war ohnehin fast den ganzen Tag fort. Und Beni war, was mit seiner Krankheit zu tun hat, total überfordert. Bino hat sofort gecheckt, dass er der Stärkere ist." Wenn Beni von seinen Besorgungen im Lädeli zurückkommt, springt ihm ein stets gut gelaunter Hund entgegen und führt einen Freudentanz auf. Allerdings hat er in der Zeit davor die Wohnung auf den Kopf gestellt. Und zudem diverse Türen angeknabbert.

Beni und Rolf suchen eine Lösung für die Zeit, in denen der Hund für kurze Zeit alleine in der Wohnung bleiben muss. Sie besorgen sich eine Hundebox, in die Bino eingesperrt wird, wenn Beni das Haus verlässt. Als dieser kurze Zeit später wieder zurückkehrt, glaubt er seinen Augen nicht trauen zu können. Bino begrüßt ihn fröhlich bellend an der Eingangstür. Niemand weiß wie, doch auf irgendeine Weise hat es der kleine Spanier geschafft, sich selbständig aus der Box zu befreien. Also muss eine stärker gesicherte Box her. Wieder beginnt das Spiel von neuem. Bino wird wieder eingesperrt, Beni geht kurz einkaufen. Als er zurückkehrt und die Türe öffnet, reißt ihm ein schwanzwedelnder kleiner Hund fast den Einkauf aus den Händen. Es ist unglaublich, aber Bino hat es geschafft, sich auch aus der besonders massiven Hundebox zu befreien. Beni und Rolf wollen sich nicht geschlagen geben. Eine Metallhundebox wird besorgt, die oben zusätzlich mit einem Metallgitter gesichert ist. Nun kann aber wirklich nichts mehr schief gehen, denken die beiden und sind beruhigt. Bis zum nächsten Einkauf von Beni. Denn was geschieht? Wieder steht Bino bei der Rückkehr von Beni als Begrüßungskommando an der Wohnungstür.

„Wir dachten, wir würden jetzt völlig spinnen. Wie sollte irgendwer aus dieser Box herausgekommen sein? War Bino ein Magier oder hatte er irgendwo einen Kumpan, der ihm heimlich half?" Nun wollen sie es genau wissen. Bino muss wieder in seine Metallbox, diese wird verschlossen und die beiden verlassen das Zimmer. Nur das Zimmer, nicht jedoch die Wohnung. Wie Diebe beobachten sie gespannt durch ein Schlüsselloch, was im Inneren des Zimmers geschieht.

„Es war nicht zu fassen", muss Beni lachen. „Der Kerl hat sich unbeschreiblich dünn gemacht und durch das Gitter gequetscht. Der hat das tatsächlich geschafft." Die beiden müssen einsehen, dass ihr Plan nicht aufgegangen ist. Bino ist ein wunderbarer Hund, aber die Idee, dass er für Beni eine Unterstützung darstellt, bewahrheitet sich leider nicht. Er sorgt bei aller Liebenswürdigkeit eher für Stress bei ihm. Und so entschließen sich die Männer schweren Herzens, ein neues Zuhause für den kleinen und durchsetzungsfähigen Terrier zu suchen. Die ist dank der Unterstützung der Dame, die sie seinerzeit zu Bino geführt hat, auch schnell gefunden. Eine Familie mit mehreren Kindern und einem großen Haus in Dortmund ist bereit, Bino zu übernehmen. Und so macht sich Beni an einem Sonntag mit dem Zug ins Ruhrgebiet auf, um den Hund seinen neuen Besitzern zu übergeben. Beim Abschied am Hauptbahnhof Dortmund fließen Tränen. Doch wie die beiden heute wissen, geht es Bino so gut wie nie zuvor und der kleine Macho kann sich im großen Garten der neuen Familie nach Herzenslust austoben. „Eine Geschichte mit Happy End für den Hund, aber wir haben einiges daraus gelernt", meinen die beiden.

Gut zu wissen! – Haustiere bei Demenz

Beni und Rolf hatten eine tolle Idee: Ein Haustier, in diesem Fall ein kleiner Hund, sollte einen Beitrag zum Wohlbefinden und Zurechtkommen von Beni mit seiner Behinderung leisten. Eine gute Idee insofern, weil die beiden Männer Tierfreunde sind. Aber eine nicht optimal umgesetzte Idee, weil die beiden nicht vorab all das gut durchdacht haben, was sich vor der Anschaffung eines Haustieres zu durchdenken empfiehlt. Für jedermann übrigens, nicht nur für Menschen, bei denen das Thema Demenz im Raum steht. Im Fall von Beni, Rolf und Bino ist am Ende alles noch einmal gut ausgegangen. Doch gibt es immer wieder genügend Beispiele, in denen genau das nicht funktioniert und zumindest das Tier der Verlierer ist.

Die Idee, einen Menschen mit einer kognitiven Behinderung durch einen Hund, eine Katze oder durch ein anderes Haustier zu unterstützen, erscheint erst einmal recht attraktiv. Denn nur allzu oft fehlt es der betroffenen Person an Aufmerksamkeit, an Möglichkeiten, sich zu beschäftigen und etwas Sinnvolles zu tun. Insbesondere Hunde sind bekanntermaßen sehr auf ihre menschlichen Begleiter fixiert und schenken ihnen große Aufmerksamkeit. Allerdings bedürfen auch sie selbst in besonderem Maße der Aufmerksamkeit und Zuwendung des Menschen. Ein Hund liegt nicht gerne unbeachtet und unbeschäftigt in der Ecke des Wohnzimmers. Er braucht viel Beschäftigung. Und wenn sich sein Interesse an geschäftigem Tun mit dem seines Gegenübers deckt, dann können beide davon profitieren. Es ist allerdings die Aufgabe des Menschen, vorab zu prüfen, ob er auch in der

Lage ist, dem Tier genügend Aufmerksamkeit zu schenken und ihm ausreichend Beschäftigung in Form von Spiel und Außenaktivitäten zu bieten. Das gilt für Menschen mit und ohne eine Einschränkung. Wer eine kognitive Beeinträchtigung hat, kann in den meisten Fällen körperlich ohne weiteres mit einem Hund herumtoben und längere Strecken laufen. Das tut beiden Beteiligten gut. Frische Luft und Bewegung sind zwei wichtige Faktoren des Wohlbefindens und halten bekanntermaßen den Körper und den Geist fit. Wer jedoch Orientierungsschwierigkeiten hat, wird kaum mit dem Hund zu größeren Exkursionen aufbrechen wollen. Haustiere sind oft fordernd. Mögen sie noch so niedlich und freundlich sein, sie können auch zu einer Stressquelle werden. Ist der beeinträchtigte Mensch in der Lage, einen solchen Stress auszuhalten und zu bewältigen? Je nachdem, wie man diese Fragen für sich oder den beeinträchtigten Partner beantwortet, kann ein Hund entweder ein wunderbarer Partner und Unterstützer sein oder zum ungewollten Problemfall werden.

Viele demenziell veränderte Menschen, die in einem Heim leben, leiden darunter, dass sie keine richtige Funktion und Aufgabe mehr haben. Es wird für sie gesorgt und die meisten Dinge werden ihnen abgenommen. Doch auch diejenigen, die zu Hause in der eigenen Wohnung leben, leiden unter dem Verlust von sinnvollen Aufgaben. Beispielsweise managen in den meisten Fällen andere den Haushalt. Und ist man allein, und sei es auch nur tagsüber, weil der Partner arbeiten gehen muss, gibt es viel Leerlauf. Fernsehen, Musik hören und anderes mögen für den Betroffenen schöne Dinge sein, die er genießt, doch fehlt es meistens dennoch an einer Aufgabe, die einem Leben Sinn zu geben in der Lage ist. Die Sorge um ein Tier kann eine solche Aufgabe sein. Vorausgesetzt, die Person kann sie auch erfüllen.

Tiere verfügen über eine Eigenschaft, die sie sehr attraktiv für Menschen macht, die in wichtigen Bereichen in ihren Fähigkeiten eingeschränkt sind. Denn Tiere akzeptieren ihr menschliches Gegenüber, ohne sich um Schönheit, körperliche oder geistige Gebrechen zu scheren. Für sie zählen emotionale und seelische Qualitäten. Wie wichtig das für einen Menschen sein muss, der ansonsten von seiner Umwelt oft belächelt, stigmatisiert und nicht für ernstgenommen wird! Selbst reduzierte sprachliche Fähigkeiten spielen keine Rolle. Denn Tiere kommunizieren auf nicht-sprachlicher Ebene. Das alles macht sie zu wichtigen Partnern für Personen mit einer Einschränkung, zum Beispiel kognitiver Art.

Was kann man tun, wenn ein Tier zwar eine an sich gute Option darstellen würde, die Anschaffung eines eigenen jedoch aus welchen Gründen auch immer nicht in Frage kommt? Warum muss es eigentlich immer ein eigenes Haustier sein? Vermutlich gibt es in der Nachbarschaft, im Bekanntenkreis, im Stadtteil oder im

Dorf viele Menschen mit einem Hund, die sich freuen würden, wenn sie eine andere Person auf Spaziergängen mit dem Tier begleiten würde. Weil sie beispielsweise alleine leben und nur wenig Kontakt zu anderen Menschen haben. Ein Hund könnte eine Brücke zu einem solchen Kontakt darstellen. Davon hätten alle Beteiligten etwas. Sicherlich gibt es auch Menschen, ältere oder körperlich beeinträchtigte Personen zum Beispiel, die vor einem großen Problem stehen: Sie können sich nicht mehr ausreichend um ihren geliebten Vierbeiner kümmern. Sollen sie ihn deshalb verlieren? Wie schön wäre es, wenn sich hier jemand fände, der Tiere liebt, ein eigenes Haustier nicht halten kann, aber bereit wäre, diese Personen zu unterstützen. Vor allem beim Gassigehen und bei kleinen Touren in der Umgebung. Das wäre gut für den Hund, für sein Herrchen oder Frauchen und für denjenigen, der die Genannten unterstützen und gleichzeitig etwas für sich selbst tun möchte. Solche Lösungen für den Wunsch nach Kontakt zu einem Tier wären ohne großen Aufwand umzusetzen. Ein Anschlag am Infobrett des Discounters oder eine kleine Notiz im Lokalblatt können vielleicht schon ausreichen.

Bei Menschen mit einer demenziellen Behinderung, die deutlich eingeschränkter sind, kann geschaut werden, ob es in der Nähe einen Verein oder ein Angebot gibt, das Tierbesuche in der Wohnung beinhaltet. In Pflegeheimen sind mancherorts bereits regelmäßige Besuche von Tieren samt Betreuer Standard. Solche Angebote laufen in der Regel unter dem Begriff ‚tiergestützte Therapie'. Das hilft in vielen Fällen, betroffene Menschen zeitweilig aus Zuständen extremer Verschlossenheit herauszuführen. Beni und Rolf haben selbst einmal in einer Pflegeeinrichtung erleben können, mit welcher Freude die besuchte Dame, die mit einer Demenz lebt, auf ihren damaligen Hund Bino reagiert hat. „Sie wollte den kleinen Kerl gar nicht mehr loslassen und immerzu streicheln."

20. Die Last mit der Maske – Wie Corona das Leben mit einer Demenz erschwert

Lieber Tuch vorm Mund, als Zettel am Zeh
(Kaufdex)

Ein Donnerstag Ende 2020. Rolf hat an diesem Tag frei. Seit einem Dreivierteljahr regiert das Coronavirus die Welt. Maskenpflicht, Lockdown und Inzidenzzahlen sind Begriffe des alltäglichen Wortschatzes der Menschen geworden. Rolf und Beni kommen im Großen und Ganzen gut klar mit diesen herausfordernden Zeiten. Materiell haben sie keine Not, ihre Wohnung ist groß, sie können sich draußen in der Natur bewegen. Und dennoch spüren auch sie eine immer stärker werdende Sehnsucht nach Normalität. An diesem Tag beschließen sie daher, einen Ausflug nach Freiburg zu unternehmen. Einfach durch die von ihnen geschätzte kleine Stadt bummeln, irgendwo einen Kaffee trinken. Natürlich einen Coffee to go, denn wie früher in einem Café sitzen, das ist schon lange nicht mehr möglich. Sie fahren mit dem Zug. Die Hinfahrt verläuft reibungslos, die beiden genießen einen schönen Nachmittag in Freiburg. Zufrieden wollen sie sich auf den Rückweg nach Inzlingen machen. Dann das übliche Chaos: Mehrere Züge fallen, aus welchen Gründen auch immer, aus. Schließlich können sie doch noch in einen Regionalzug einsteigen und die Rückreise antreten. Der ist aufgrund der vorangehenden Zugausfälle extrem überfüllt. „Wir standen da wir die Heringe in der Büchse zusammen“, erinnern sie sich. Bei Beni wächst die Nervosität, er wird zunehmend unruhiger, fühlt sich unwohl. Bei Rolf ist das nicht anders. „Denken Sie daran Abstand zu halten“, tönt es aus den Lautsprechern. „Welche Ironie“, sagen sich die beiden Reisenden. Viel später als gedacht kommen sie in ihrer Wohnung in Inzlingen an. Das schöne Gefühl nach einem angenehmen Bummel in Freiburg hat sich verflüchtigt. Beide sind erschöpft und missgestimmt.

Die Coronazeiten sind für alle Menschen herausfordernd. In manchen Familien ‚kracht' es. Das ungewohnte Aufeinanderhocken in der Wohnung führt nicht selten zu Streit, manchmal gar zu Gewalt. So manche Beziehung zerbricht in diesen Zeiten. „Das ist bei uns aber nicht das Problem und auch keine Gefahr. Dafür kennen wir uns einfach schon viel zu lange", sagt Rolf. „Wichtig ist aber, dass wir aktiv bleiben, uns eine Tagestruktur schaffen, nicht einfach nur herumsitzen." Die beiden nutzen die Zeit, um die Wohnung einmal richtig aufzuräumen und zu entrümpeln. Über einen Internetanbieter verkaufen sie in dieser Zeit Einrichtungsgegenstände, Kleidung und anderes, was ihnen entbehrlich oder überflüssig erscheint. Sie wissen, dass sie in gewisser Weise Corona-Gewinnler sind. Nicht wegen der Verkäufe, sondern weil sie jetzt mehr Zeit als üblich füreinander haben.

Die in den meisten Staaten erlassenen Schutzmaßnahmen gegen die Ausbreitung des Virus befürworten sie. „Man muss doch etwas dagegen unternehmen, da ist es schon in Ordnung, wenn man sich auch mal eine Zeit lang einschränken muss." Und dennoch stellen diese Maßnahmen insbesondere für Beni eine große Belastung dar und führen zu Stress.

Samstagvormittag in einem Lebensmitteldiscounter. Rolf und Beni sind beim obligatorischen Wochenendeinkauf. Während Rolf im hinteren Teil des Geschäfts bei den Tiefkühlprodukten beschäftigt ist, studiert Beni die Gemüsefächer. Plötzlich springt ein jüngerer Mann erbost auf ihn zu und faucht ihn an: „Setzen Sie sofort die Maske richtig auf!" Beni ist erschrocken und beginnt sofort hektisch an seinem Mundschutz zu nesteln. „Entschuldigung", murmelt er. Der Mann lässt sich aber dadurch nicht beruhigen und fährt Beni wieder an: „Wollen Sie mich etwa anmachen?" Zum Glück kommt in diesem Moment Rolf zurück und erfasst sofort die Situation. Er geht auf den wütenden Mann zu. „Mein Partner hat Demenz, er will Sie sicherlich nicht anmachen. Aber er bemerkt es öfters nicht, wenn die Maske falsch sitzt." Dem Mann scheint die Situation nun peinlich zu sein. Wortlos macht er sich davon.

„Ich habe mich sofort bei dem entschuldigt. Aber der hat mir auch noch vorgeworfen, ich wolle ihn anmachen." Man merkt Beni auch heute noch die Entrüstung über das Auftreten des jungen Mannes im Lebensmittelgeschäft an. Die Situation hat bei ihm einen bleibenden Eindruck hinterlassen. Dass Beni Probleme mit den Schutzmasken hat, ist nichts Ungewöhnliches. Mit dem Mund macht er oft unbewusst und nicht kontrollierbar Kaubewegungen, so, als würde er auf einem Kaugummi herumbeißen. Dabei verschiebt sich die Maske nach unten oder nach oben und sitzt nicht mehr so, wie es erforderlich wäre. Oft bemerkt Beni das jedoch nicht. „Und wenn ich es doch mitbekomme, versuche ich sie natürlich sofort wieder geradezuziehen. Meistens sitzt sie dann aber noch schiefer als vorher und ich gerate in Hektik und Panik. Da kommt dann natürlich nichts Gutes bei herum.“ Aber solch kleine Schwierigkeiten müssen nicht unbedingt zum Problem werden. Die Reaktion des jungen Mannes im Discounter war sicherlich völlig überzogen und unüberlegt. Und sie hat auch ein sofortiges Ende gefunden, als Rolf den Hintergrund für die vermeintliche Provokation erklärt hat. „Und da sind wir wieder einmal beim Thema Aufklärung“, meint Rolf. „Wenn Menschen wissen, dass so etwas als Folge einer Erkrankung passieren kann und nicht bewusst geschieht, dann reagieren sie auch anders.“ Das kann Beni oft am eigenen Leib erfahren. Dort, wo man ihn kennt und um seine Beeinträchtigung weiß, klappt es auch mit dem Maskenproblem. Beziehungsweise: Es wird dann gar nicht zum Problem. Nicht, weil Beni die Maske immer richtig sitzen hat oder nie vergisst, sondern weil er freundlich von anderen darauf aufmerksam gemacht wird. „Die Verkäuferinnen in dem kleinen Laden geben mir dann einfach ein kleines Zeichen und ich weiß Bescheid. Dann gerate ich auch nicht in Stress, sondern kann das Problem beheben.“

„Aber so etwas wird in der Öffentlichkeit oder in den Medien eigentlich nie diskutiert“, sagt Rolf. „Da geht es um die Probleme, wenn Ältere oder Kranke über einen langen Zeitraum keine richtigen Kontakte mehr zu anderen Menschen haben dürfen, um die Einsamkeit und solche Dinge. Ist ja auch völlig richtig. Aber es gibt auch Probleme wie das mit der Maskenpflicht. Das macht den betroffenen Personen noch einmal ordentlich Stress. Und Stress ist nicht gut, Stress ist absolut schädlich.“ Rolf und Beni haben das auch bei anderen Menschen verfolgen können. Mit vielen Mitwirkenden an dem Projekt ‚Unvergesslich – Unser Chor für Menschen mit Demenz‘ halten sie regelmäßigen telefonischen Kontakt, seitdem sie selbst auch dort mitgewirkt haben. „Da ist von ziemlich allen berichtet worden, dass der Stress bei ihnen in diesen Coronazeiten enorm zugenommen, die geistige Leistungsfähigkeit aber abgenommen hat. Das ist wirklich sehr bedenklich.“ Beni ist zum Glück jemand, der noch sehr fit und mobil ist. Er lässt sich nicht so leicht unterkriegen, geht hinaus, hält Kontakte, stellt sich Herausforderungen. Aber durch die Corona-Maßnahmen wird er dennoch in manchen Aktivitäten behindert. „Nun gibt es ja dieses Click-and-Meet-Verfahren. Eigentlich gut, die Leute sollen dadurch ja wieder einkaufen gehen können. Für mich aber zu kompliziert. Nicht nur wegen der Maske. Die behindert mich natürlich auch, wenn ich Preisschilder zu entziffern versuche und solche Dinge. Aber nun muss ich mich vorher zum Besuch des Geschäfts anmelden, die Verkäuferin informieren und bitten, etwas für mich zu schreiben, das kann ich ja nicht mehr, und so fort. Da habe ich dann gar keine Lust mehr und lasse es lieber sein."

Wie schon gesagt: Rolf und Beni halten die Maßnahmen zur Eindämmung des Coronavirus für hilfreich und richtig. Aber sie möchten auch darauf hinweisen, dass Menschen mit einer Einschränkung in vielerlei Situationen erhöhtem Stress ausgeliefert sind. Und dass so etwas nicht folgenlos bleibt. „Wir wären auch dafür, dass man bei Menschen mit kognitiven Einschränkungen die Impfung gegen das Virus vorzieht. Diese Personen sollten, auch wenn sie noch jünger sind, wie Ältere und Pflegeheimbewohner als Risikogruppe gewertet werden und in den Genuss einer schnellen Impfung kommen." Für Beni hat sich das bereits erledigt. Seine erste Impfung hat er schon erhalten. „Das ist ganz prima gelaufen. Ich habe gar nichts gemerkt, weder bei der Impfung noch danach. „Das war jetzt schon alles?", habe ich die Ärztin gefragt, die mir die Spritze gesetzt hat." Rolf grinst: „Und natürlich hat Beni auch hier wieder seine Geschichte erzählt. Nach einer Minute wusste die Ärztin über alles Bescheid. Die Aufklärungsarbeit kennt halt keine Pause!"

21.
Was, wenn …? –
Ein Gespräch über eine mögliche oder unmögliche Zukunft

Die Zukunft kann man am besten voraussagen, wenn man sie selbst gestaltet.
(Alan Kay)

April 2021. Wir drei Buchschreiber haben uns an diesem Sonntagvormittag wieder einmal zu einem Videogespräch verabredet. Heute wollen wir noch einmal ein Thema vertiefen, über das wir uns bereits vor längerer Zeit einmal unterhalten haben. Was, wenn sich Benis Fähigkeiten zu einem späteren Zeitpunkt einmal verschlechtern sollten? Und zwar so, dass es nicht weitergehen kann wie bisher. Was können sich Rolf und Beni dann für Optionen vorstellen, die für beide tragbar sind?

Peter: Ihr kommt aktuell ja gut klar mit dem Alltag, so wie ihr ihn organisiert. Du, Rolf, hast einen anspruchsvollen Job und bist normalerweise den ganzen Tag außer Haus. Du, Beni, bist entweder allein zuhause oder unterwegs, nach Basel, nach Lörrach, zu kleinen Einkäufen oder einem Spaziergang. Ihr seht euch hauptsächlich am Abend oder an den Wochenenden. Aber ihr wisst auch, dass das vielleicht nicht für immer so fortsetzbar sein wird. Beni, es ist ja möglich, dass du irgendwann nicht mehr allein klarkommst über Tag und sich irgendetwas ändern muss. Ihr habt euch viele Gedanken zum Thema ‚Vorsorgen für eine unsichere Zukunft' gemacht. Was habt ihr euch für eine solche Situation überlegt? Oder welche Lösungsmöglichkeiten wären für euch überhaupt vorstellbar?

Rolf: Gerade heute Morgen beim Frühstück haben wir uns noch darüber unterhalten. Wir hatten ja bereits an anderer Stelle über einen Bekannten gesprochen, der im vorigen Jahr freiwillig in ein Pflegeheim gegangen ist, weil er alleine nicht mehr zuhause zurechtkam und niemanden hatte, der sich um ihn kümmern konnte. Der hat dann ganz schnell gemerkt, dass ein Heim eine völlig unpassende Wohnform oder Betreuungsmöglichkeit für ihn ist. Er wäre dort eingegangen wie eine Primel, hat er gesagt. Und er ist dann ganz schnell dort wieder ausgezogen und lebt heute glücklich und zufrieden mit einer polnischen Betreuungskraft in seiner Wohnung.

Beni: In ein Heim will ich auf keinen Fall. Das kommt für mich gar nicht in Frage. Ich brauche meine Freiheit. Wenn ich Lust habe, einen Ausflug nach Basel zu machen, dann will ich das tun können. Ich kann niemanden gebrauchen, der mir dann sagt, dass ich das nicht tun darf. Ich muss meine Dinge tun können. Nein, in einem Heim leben kommt nicht in Frage für mich. Und Rolf sieht das auch so.

Peter: Was wäre denn für euch die optimale Variante mit Blick aufs Wohnen, sodass ihr gleichzeitig aber auch so unterstützt werdet, dass ihr klarkommen könntet?

Beni: Das wäre so, wie es jetzt ist. Ich möchte gerne mit Rolf weiter gemeinsam in unserer Wohnung leben. Und zwar noch recht lange. Hier haben wir uns und unsere Freiheit.

Rolf: Ja, das wäre natürlich unser größter Wunsch, dass das auch in Zukunft weiter so bleiben kann. Ich möchte mich gerne auch in Zukunft um Beni kümmern. Wir wissen aber natürlich auch, dass dieser Wunsch nicht unbedingt in Erfüllung gehen wird. Von daher macht es schon Sinn, sich auch über andere Möglichkeiten Gedanken zu machen.

Peter: Der Herr, der nach kurzer Zeit wieder aus dem Pflegeheim ausgezogen ist, lebt nach eurer Aussage jetzt froh und glücklich in seiner alten Wohnung. Das ist ihm möglich, weil er sich von einer polnischen Betreuungskraft, die bei ihm wohnt, unterstützen lässt und ...

Rolf: Ja, das war heute Früh auch schon Thema bei uns am Frühstückstisch. Das wäre etwas, was wir uns prinzipiell schon vorstellen könnten. Dann könnte ich ja weiter arbeiten gehen und Beni hätte die Hilfe, die er braucht. Aber er könnte auch sein Leben wie gewünscht weiterführen und müsste seine Freiheit nicht so einschränken, wie das in irgendeiner Institution der Fall wäre. Bei uns in der Wohnung wäre das ja auch ohne großen Aufwand möglich, wir haben hier ja noch ein freies Zimmer, in dem eine solche Betreuungsperson wohnen könnte.

Peter: Beni, wäre das für dich eine Option, auf die du dich einlassen könntest?

Beni: Wäre vorstellbar. Ich bin ja ein ganz offener Mensch und unterhalte mich sehr gerne mit anderen Leuten. Ich könnte sicherlich gut mit der Dame oder dem Herrn Gespräche führen und weiter auf meinem Balkon sitzen oder eine Runde drehen. Vorstellbar ist das für mich schon, allerdings kommt es auch drauf an, was für ein Mensch diese Person ist und ob wir uns gut verstehen. Die Chemie muss stimmen.

Rolf: Ja, ein offener und kommunikativer Mensch bist du auf jeden Fall. Ich sage immer: Eine pflegeleichtere Person als dich muss man erst mal treffen! Das Wort pflegeleicht bitte nicht missverstehen. Damit meine ich ja nur, dass du nicht kompliziert und zickig bist, sondern mit anderen Menschen gut auskommst. Und dass du mit einer polnischen oder von wo auch immer stammenden Betreuungskraft sicherlich viel Spaß und zu erzählen hättest, kann ich mir nur zu gut vorstellen. Es gibt da ja die eine Dame von der Diakonie, die jetzt schon ab und zu kommt, wenn auch nur ganz kurz. Mit der kannst du dich ja auch ganz toll und angeregt unterhalten. Und das macht dir Spaß.

Peter: Beni hat vorhin gesagt, dass die Chemie zwischen ihm und einer möglichen Betreuungskraft stimmen müsste. Nun ist es aber ja auch so, dass solche eine Unterstützerin nicht nur ab und an für einen kurzen Zeitraum vorbeischauen würde, sondern bei euch in der Wohnung leben würde. Sozusagen mit euch leben würde. Wie seht ist das?

Rolf: Ja, das eine ist das Zimmer, das ich vorhin erwähnt habe. Hier könnte die Person gut wohnen. Aber du hast Recht, sie würde ja nicht nur Beni bei diesem und jenem helfen und sich dann in ihr Zimmer zurückziehen. So, als wäre sie gar nicht da. Sie würde hier ja wirklich wohnen.

Peter: Ja, bei euch wohnen, Ihr würdet zu dritt wohnen.

Rolf: Und das würde natürlich das Ganze schon deutlich verändern. Ich meine unser Zusammenleben als Paar in der gemeinsamen Wohnung. Das wäre sicherlich gar nicht so einfach.

Beni: Nee, das wäre nicht einfach. Ich kann es mir gar nicht so richtig vorstellen.

Peter: Aber ihr würdet dennoch sagen, dass das eine Option für euch sein könnte?

Rolf: Ja, denkbar wäre es. Und wie schon gesagt, ein Heim wäre für Beni nun gar keine Option. Dann lieber eine Betreuungskraft im Haus, selbst wenn das auch nicht ganz ohne ist.

Beni: Ja, das stimmt. Dann lieber so.

Peter: Rolf, du hast vorhin gesagt, du möchtest am liebsten dich auch weiterhin selbst um Beni kümmern und ihn unterstützen können. Nun bist du aber voll berufstätig. Das macht die Sache nicht gerade einfacher. Hast du denn Möglichkeiten, an deiner Arbeitssituation etwas zu verändern?

Rolf: So, wie ich momentan im Beruf stehe, hätte ich gar keine Chance, mehr Zeit aufzubringen, um für Beni da zu sein. Ich habe natürlich auch schon über eine Arbeitszeitreduzierung nachgedacht. Aber das wäre natürlich zum einen eine geldliche Frage. Das muss man sich auch leisten können. Zum anderen ist es aber im Einzelhandel so, dass man als Leitungskraft in einer Funktion wie meiner nur A oder B sagen kann. Entweder ganz oder gar nicht. Zwischenstufen gibts da eigentlich nicht. Das ist ein Dilemma. Ich habe mich schon mal erkundigt, es gibt in Deutschland ja die Familienpflegezeit. Da kann man bis zu vierundzwanzig Monate seine Arbeitszeit verringern, um sich der Betreuung seines pflegebedürftigen Familienmitglieds zu widmen. Aber eine richtige Lösung wäre das in unserem Fall auch nicht.

Peter: Die Arbeitszeit verringern ist ja, wenn ich dich richtig verstehe, ohnehin in deiner Funktion eher schwierig. Und eine Verringerung reicht auch nicht unbedingt aus, wenn es zuhause für Beni gar nicht mehr allein gehen sollte. Habt ihr einmal über eine Tagespflege nachgedacht?

Beni: Ja, der Wirrgarten in Basel wäre toll. Da kenne ich Flurina und die Leute. Das ist dort, wo auch die Selbsthilfegruppe sich trifft, außer jetzt in Coronazeiten. Mir gefällt es dort sehr gut, die Räume sind schön, hell, freundlich und wenn man will, kann man sich zu einem Mittagsschlaf zurückziehen. Dort hätte ich nette Leute zum Unterhalten und könnte auch viel tun. Die haben dort ein prima Angebot. Aber das geht ja nicht.

Peter: Was geht nicht? Gut, Basel ist ein paar Kilometer entfernt, aber das wären andere Einrichtungen auch.

Rolf: Da haben wir jetzt das Problem Deutschland – Schweiz. Die deutsche Pflegeversicherung zahlt nicht für eine Tagesbetreuung in der Schweiz. Flurina vom Wirrgarten hat schon mal ins Spiel gebracht, dass eventuell über eine Stiftung versucht werden könnte, Zuschüsse von der Stadt Basel zu bekommen. Beni ist schließlich Schweizer Staatsbürger und hat dort fast fünfundzwanzig Jahre gelebt. Das wäre etwas, was man einmal überprüfen müsste. Aber das ist erst mal nur eine Idee, keine Ahnung, wie realistisch die ist. Schade, Beni fühlt sich im Wirrgarten wirklich sehr wohl.

Peter: Das solltet ihr wirklich mal überprüfen. Nun gibt es sicherlich auch im Landkreis Lörrach, wo ihr wohnt, Tagespflegeeinrichtungen. Habt ihr denn auch schon mal in diese Richtung gedacht oder geschaut?

Rolf: Beni, da bist du etwas zurückhaltend, stimmts?

Beni: Ja, das gefällt mir nicht so. Da kenne ich die Leute nicht, da weiß ich nicht, wie das so ist. Der Wirrgarten, ja ...

Rolf: Aber wenn ich da mal sagen darf: Ich erlebe ja oft, wenn ich dir vorschlage, etwas zu unternehmen oder so, dass du erst einmal abwinkst und keine Lust drauf hast. Aber dann lässt du dich ja doch drauf ein und am Ende bist du meistens dann ganz angetan oder begeistert, weil es für dich einfach sehr schön war. Aber erst verfährst du oft nach dem Motto: Was ich nicht kenne, da lass ich mich auch erst mal nicht drauf ein. Dann aber doch, und das ist ja auch schön. So muss man das vielleicht auch mit Blick auf die Themen sehen, die wir gerade besprechen.

Peter: Zumindest könnte man doch einmal schauen, was es für Tagespflegeangebote im Landkreis gibt und sich die oder andere auch anschauen. Was kann man dabei verlieren? Man kann doch nur etwas gewinnen, eine Erkenntnis. Entweder: Um Gottes willen, das kommt für mich niemals in Frage; oder: Gar nicht so schlecht, wäre vielleicht sogar vorstellbar.

Tagepflege hätte im Bedarfsfall ja den Charme, dass ihr weiter in eurer gemeinsamen Wohnung lebt. Rolf, du wärst tagsüber bei der Arbeit und du, Beni, in der Tagesbetreuung. Und abends und am Wochenende wäre es wie jetzt auch.

Rolf: Ja, wir sollten es mal anschauen zumindest.

Peter: Der Wirrgarten ist in Basel und daraus ergibt sich ein sozialrechtliches und finanzielles Problem, denn ihr lebt in Deutschland. Mal so gefragt: Warum zieht ihr denn nicht nach Basel?

Rolf: Eine gute Frage, die wir uns auch schon ernsthaft gestellt haben. Und die wir auch geprüft haben. Flurina Manz hat das einmal für uns gecheckt, indem sie gegenübergestellt hat, welche Vor- und welche Nachteile es für uns hat, entweder in Deutschland oder in der Schweiz zu leben. Und das Ergebnis war, dass es für uns günstiger ist, weiterhin in Deutschland zu leben. Auch wenn ein Pflegeheim für uns keine ernsthafte Option ist, ist es schon interessant zu wissen, dass ein Heimplatz in der Schweiz locker mal neun- bis zehntausend Franken im Monat kosten kann. Das muss man auch wissen.

Peter: Wir hatten auch schon einmal über das Thema ‚ambulant betreute Wohngemeinschaften' gesprochen. Ihr hattet damals gesagt, dass ihr euch damit nicht auskennt und auch noch nie eine solche Wohngemeinschaft angeschaut habt.

Beni: Ja, da haben wir uns gestern Abend gerade drüber unterhalten.

Rolf: Wir kennen keine Wohngemeinschaft. Aber ich denke, wir sollten uns auch hier einmal schlaumachen. Beni, du hast ja gestern gesagt, dass eine Wohngemeinschaft zumindest eine Option wäre, über die man mal reden oder über die man sich zumindest einmal informieren könnte.

Beni: Ich will einfach rausgehen, wenn ich rausgehen möchte und reingehen, wenn ich reingehen möchte. Und ich will niemanden haben, der mir dann sagt, dass ich nicht raus darf. Das kann ich nicht gebrauchen.

Peter: Glaubst du denn, dass das so in einer Wohngemeinschaft wäre?

Beni: Das weiß ich nicht. Aber das wäre mir wichtig.

Peter: Also in einer guten Wohngemeinschaft sollte das ja kein Problem sein. Wenn du da jetzt leben würdest, würde dir niemand verbieten, die Wohnung zu verlassen und einen Ausflug nach Basel zu unternehmen. Du wärst auch nicht gezwungen, irgendwelche Dinge mitzumachen, zu denen du gar keine Lust hast.

Das Prinzip der Wohngemeinschaft ist ja, dass die Menschen dort so leben können, wie sie möchten und noch können.

Beni: Ob das wirklich dann auch so ist?

Peter: Ich habe auch mal einen Hilferuf von einem Mann erhalten, der noch ganz fit war und in eine Wohngemeinschaft eingezogen ist. Am Anfang war alles gut, dann wollten die Beschäftigten ihn dort immer mehr bei seinen täglichen Ausgängen und Außenaktivitäten einschränken. Ich habe dort interveniert und wir haben das Problem gelöst. So etwas kann natürlich auch dort schon einmal vorkommen. Das Sicherheitsdenken von Profis ist ja immer etwas überschießend. Aber in einer guten Wohngemeinschaft dürfte das nicht passieren und wenn doch, wärst du ja in einer komfortablen Position. Du hast ja einen Ehemann, der sofort auf den Tisch schlagen würde. Was dir halt klar sein muss: Du lebst dort natürlich nicht nur mit einer Person, wie einer osteuropäischen Betreuungskraft zusammen, sondern mit sieben, acht oder zehn anderen Menschen.

Beni: Mmh, das wäre nichts für mich. Ich möchte meine Dinge tun können.

Peter: Das kannst du ja auch. Du hättest ja deinen eigenen Privatbereich und du müsstest nicht mit anderen Mitbewohnern Dinge tun, auf die du gar keine Lust hast. Aber dennoch wäre es ja etwas anderes als jetzt. Denn du würdest mit mehreren anderen Menschen in einer großen Wohnung zusammenleben.

Beni: Das ist nicht mein Ding. Ich habe es schon nicht gemocht, wenn wir von der Schule aus ins Ferienlager gefahren sind. Ich habe dieses Zusammensein mit so vielen anderen Menschen nicht leiden mögen. Ich war jedes Mal froh, wenn ich wieder zuhause war.

Peter: Nun bin ich überrascht! Ich habe dich ja so kennengelernt, wie auch Rolf dich immer beschreibt: als einen offenen, die Menschen liebenden und direkt auf sie zugehenden Menschen. Als jemanden, der sofort mit jedem ins Gespräch kommt und das auch genießt. Ich hätte jetzt erwartet, dass du denkst: Super, in so einer Wohngemeinschaft oder in einer Tagespflegeeinrichtung, da lerne ich einen Haufen netter Menschen kenne, kann mich mit denen gepflegt unterhalten, mit ihnen gemeinsam etwas tun und bin ganz happy.

Beni: Ich liebe Menschen. Und ich verstehe mich mit vielen Menschen. Aber...

Peter: Auf Distanz?

Beni: Genau! Ich möchte nicht mit ihnen die ganze Zeit aufeinanderhocken.

Peter: Du möchtest also immer entscheiden können, wann du aus einer Situation auch wieder rausgehst oder ein Gespräch beendest, oder?

Beni: Genau! Wenn ich mich mit jemandem in der Bahn unterhalte, dann habe ich den vielleicht eine halbe Stunde und finde das nett. Aber dann steigt man aus und hat den auch wieder weg.

Rolf: Ja, das ist schon so, wie du sagst, Beni. Aber ich sage noch mal: Wenn du erst mit einer Situation richtig warm geworden bist, dann dreht sich das auch. Aber wir haben einfach keine richtige Erfahrung mit solchen Dingen wie Tagespflege, Wohngemeinschaft und so fort. Man muss einfach mal was ausprobieren. Wir müssten einfach mal so etwas anschauen. Aber natürlich ist jeder von uns auch damit überfordert, eine Aussage zu etwas zu treffen, was wir gar nicht kennen und uns ja nur fiktiv vorstellen können.

Beni: Anschauen kann man es sich ja mal.

Peter: Beni, du hast jetzt mehrfach den Aspekt betont, dass du deine Freiheit nicht verlieren möchtest und dich nicht fremdbestimmen lassen willst. Wäre denn für dich und für Rolf denkbar, gemeinsam mit anderen Menschen in einer vergleichbaren Lage ein Wohngemeinschaftsprojekt zu initiieren? Damit man selbst bestimmen kann, wie das dort laufen und wie das dort aussehen sollte. Anders ausgedrückt: sodass man sich selbst Rahmenbedingungen schafft, die einem zusagen.

Beni: (Schaut und schüttelt ganz sachte den Kopf, dabei lächelnd)

Rolf: (ebenfalls lächelnd) Ich schon! Beni, es stimmt, du brauchst immer eine gewisse Anlaufzeit, wenn es um Neues geht. Aber dann bist du meistens begeisterungsfähig und lässt dich drauf ein. Das ist ja bei fast jedem so. Man ist erst einmal etwas auf Distanz, kann sich nicht so schnell für Neues erwärmen. Das ist bei dir vielleicht durch die Krankheit noch etwas stärker ausgeprägt, Beni. Auch stärker als früher. Das sieht man auch bei der Sehnsucht nach der Nähe des Partners. Die hat bei dir auch zugenommen. Fast jeden Abend, wenn ich von der Arbeit komme, sagst du: Wie schön, dass du endlich wieder da bist. Ich habe dich den ganzen Tag vermisst. Das ist ganz ehrlich gemeinte Freude, hat aber auch durch die Erkrankung zugenommen.

Peter: Und ist ja etwas Schönes. Ihr seid eigentlich in einer vergleichsweise komfortablen Lage. Ihr seid in einer guten Beziehung, liebt euch, habt eine schöne Wohnung, noch klappt auch alles irgendwie mit dem Alltag, der Arbeit. Das erzeugt natürlich keinen übermäßigen Veränderungsdrang. Aber dennoch steht die Frage nach dem rechten Zeitpunkt für ein vorausschauendes Aktivwerden im Raum. Der wird nach meiner Erfahrung ja oft verpasst. Wie viele alte Menschen kenne ich, die niemals ins Heim gehen wollten, die aber auch niemals ihre Wohnsituation vorausschauend verändert haben. Ein Sturz, ein Oberschenkelhalsbruch, ein Spitalaufenthalt und schon ging es dorthin, wo die betroffenen Personen partout nicht hinwollten. In vielen Fällen ins Pflegeheim.

Beni: Ja, das stimmt sicherlich. Ich denke, da müssen wir jetzt auch was machen.

Rolf: Ganz toll finden wir, dass nun doch unsere zuerst abgelehnte Partnerkur oder Reha-Maßnahme im Alzheimerzentrum Bad Aiblingen bewilligt worden ist. Da werden wir ja ganz viel Zeit und ganz viele Beratungsgespräche haben, in denen es auch um die Zukunftsplanung gehen wird.

Gut zu wissen! – Pflegezeiten

Niemand weiß, was die Zukunft bringt. Beni und Rolf versuchen im Augenblick zu leben, darüber aber nicht zu vergessen, an die Zukunft zu denken. Nicht zu wissen, was diese für Überraschungen bereithält, entbindet nicht von der Pflicht, mögliche Optionen zu durchdenken. Die beiden Männer haben auch die Möglichkeit in Betracht gezogen, dass Beni eines Tages deutlich mehr Betreuung als heute benötigen könnte. Unabhängig von Angeboten der ambulanten Betreuung, der Tagespflege oder anderen Dienstleitungen, möchte Rolf in diesem Fall den größten oder die größeren Teile davon selbst übernehmen. Welche Leistungen sieht das Sozialrecht hierzu vor?

In Deutschland, wo der Schweizer Staatsbürger Beni lebt, ist zum einen das 2008 erlassene Pflegezeitgesetz (PflegeZG) von Interesse.

Akute Pflegesituation

Sollte aufgrund einer gesundheitlichen Verschlechterung des Zustandes oder aus anderen Gründen eine akute Pflegesituation entstehen, könnte Rolf nach dem PflegeZG bis zu zehn Tage der Arbeit fernbleiben, um für Beni eine bedarfsgerechte Pflege zu organisieren oder selbst die sofortige pflegerische Versorgung sicherzustellen. Dieses Recht steht allen Arbeitnehmern, Auszubildenden und Heimarbeitern zu, wenn es sich bei der unterstützungsbedürftigen Person um einen nahestehenden Verwandten handelt. Als Ehepartner erfüllt Beni diese Bedingung. Bei dieser Leistung geht es aber ausschließlich um Akutsituationen und nicht um einen länger währenden Zustand. Sofern keine entsprechenden Regelungen im Arbeitsvertrag oder im Tarifvertrag existieren, ist der Arbeitgeber aber nicht zur Fortzahlung des Arbeitsentgelts verpflichtet. Jedoch hat der Gesetzgeber für diesen Fall im Pflegeversicherungsgesetz (SGB XI) 2015 als neue Leistung das Pflegeunterstützungsgeld eingeführt. Es ersetzt für den Zeitraum der vorgesehenen zehn Tage Betreuung das entgangene Arbeitsentgelt zumindest teilweise. Während des Bezugs des Pflegeunterstützungsgeldes bleibt der Versicherte zudem kranken-, pflege-, renten- und arbeitslosenversichert. Zudem besteht Sonderkündigungsschutz. Der Verlust des Arbeitsplatzes muss also nicht befürchtet werden. In akuten Pflegesituationen stellt diese Leistung eine Unterstützung für die Betroffenen, den auf Pflege Angewiesenen sowie das berufstätige Familienmitglied dar. Wenn es aber um lange oder dauerhafte Zeiträume geht, in denen eine Person unterstützt werden soll, wird sie nicht greifen.

Volle oder teilweise Freistellung

Es ist jedoch auch möglich, Pflegezeit nach dem PflegeZG zu beantragen, das heißt in unserem Fall: Rolf könnte sich von der Arbeitsleistung vollständig oder teilweise freistellen lassen. Für diese unbezahlte Freistellung oder Teilzeitarbeit gilt ein Zeitrahmen von maximal sechs Monaten. Bei einer gewünschten nur teilweisen Freistellung müssen die Arbeitgeber und Beschäftigten über die Verringerung und die Verteilung der Arbeitszeit eine schriftliche Vereinbarung treffen. Sofern nicht dringende betriebliche Gründe dem entgegenstehen, hat der Arbeitgeber den Wünschen des Beschäftigten zu entsprechen. Außer bei einem minderjährigen pflegebedürftigen Angehörigen greift diese Regelung dann, wenn die zu betreuende Person an einer Erkrankung leidet, die progredient verläuft, ein weit fortgeschrittenes Stadium erreicht hat und eine Heilung ausgeschlossen ist. Zudem soll diese Krankheit eine begrenzte Lebenserwartung von Wochen oder wenigen Monaten erwarten lassen.

Die Möglichkeit zur vollständigen oder teilweisen Freistellung von der Arbeit kann für diejenigen Personen eine wertvolle Hilfe darstellen, bei denen sich ein Familienmitglied in der Endphase einer schweren Krankheit befindet und ein hoher Pflegeaufwand besteht. Für manche Menschen kann dies finanziell jedoch auch eine zu hohe Bürde darstellen. Oder sie arbeiten in einem Bereich, der Teilzeitarbeit ausschließt. So geht Rolf beispielsweise davon aus, dass in seiner Funktion die Option der Teilzeitarbeit nicht existiert. Bei den Überlegungen, die Beni und er mit Blick auf die Zukunft anstellen, geht es zudem nicht um einen auf wenige Monate begrenzten Zeitraum. In ungefähr zehn Jahren hat Rolf die Möglichkeit, in den Ruhestand zu gehen. Ab dann könnte er sich voll um Beni kümmern. Doch für die Zeit bis dahin greifen die vorgestellten Leistungen und Ansprüche nicht.

Familienpflegezeit

Ein weiteres Instrument, um Pflege und Beruf zu vereinbaren, sieht das 2012 in Kraft getretene Gesetz über die Familienpflegezeit vor. Wer einen nahen Angehörigen pflegt, soll für einen Zeitraum von maximal zwei Jahren seine Arbeitszeit auf bis zu fünfzehn Stunden pro Woche reduzieren können. Im Fall eines Vollbeschäftigten könnte das so ausschauen: Für ein Kalenderjahr reduziert die Person seine wöchentliche Arbeitszeit von vierzig auf zwanzig Stunden. In diesem Zeitraum bezieht er fünfundsiebzig Prozent seines vorherigen Gehaltes. Nach der Pflegephase erhöht er wieder auf vierzig Stunden pro Woche und bezieht weiter fünfundsiebzig Prozent seines Gehaltes. Es besteht die Möglichkeit, auf Antrag ein in monatlichen Raten zu zahlendes zinsloses Darlehen zu beantragen. Die monatlichen Darlehensraten werden in Höhe der Hälfte der Differenz zwischen den pauschalierten monatlichen Nettoentgelten vor und während der Freistellung gewährt. Nicht zuletzt, weil das Gesetz auch eine Härtefallregelung bezüglich des Darlehens kennt, könnte die Familienpflegezeit für Familien mit einem auf Pflege angewiesenen Angehörigen in bestimmten Situationen hilfreich sein. Ob sie im Fall von Rolf und Beni eine geeignete Unterstützung bieten kann, wäre zu prüfen. Neben finanziellen sowie arbeitsplatz- und funktionsbedingten Aspekten bleibt zu bedenken, dass die Familienpflegezeit einen Zeitraum von maximal zwei Jahren umfasst, jedoch nicht darüber hinausgehende Zeitspannen.

Und die Schweiz ...?

Beni und Rolf hatten auch schon einmal überlegt, nach Basel zu ziehen. Doch der Vergleich, wo die beiden Männer finanziell und mit Blick auf sozialrechtliche Leistungen besser fahren würden, ist zugunsten des Verbleibs in Deutschland ausgefallen. Auch beim Thema ‚Pflegeurlaub oder Pflegezeit' ist das so. Erkrankt nämlich in der Schweiz ein Angehöriger oder eine Angehörige, müssen Berufstätige für deren Pflege entweder Urlaub nehmen oder individuell mit ihrem Arbeitgeber verhandeln. Gesetzliche Regelungen zum Pflegeurlaub gibt es bisher nicht. Zwei Drittel der Teilnehmenden an einer Umfrage des ‚Zürcher Tages-Anzeiger' waren sich da einig: Der Pflegeurlaub ist längst überfällig und sollte schleunigst gesetzlich verankert werden.

Gut zu wissen! – Wohngemeinschaften

Welche Wohnformen sind denkbar, wenn einmal alles anders werden sollte? Diese Frage haben sich Rolf und Beni gestellt. Beide wollen natürlich, dass alles so bleibt, wie es ist. Aber manchmal kommt es anders, als man es sich wünscht. Eine Option, die bedacht werden sollte, ist die ambulant betreute Wohngemeinschaft. Die Idee einer solchen Wohngemeinschaft ist ebenso simpel wie pfiffig: Ein einzelner Mensch, der aufgrund von Krankheit oder von Handicaps nicht mehr wie gewohnt in seiner bisherigen Wohnung leben kann, kann sich nur schwer eine rund um die Uhr Betreuung leisten. Doch abgesehen vom finanziellen Aspekt stellt sich für viele Betroffene auch die Frage, ob das Modell einer individuellen 24-Stunden-Betreuung überhaupt erstrebenswert ist. Denn auch wenn eine Betreuungsperson im Haushalt lebt, ist man im Wesentlichen ja allein. Es gibt erst einmal keine anderen Menschen, mit denen man sich austauschen und gemeinsam etwas tun kann. Für einen überzeugten Einzelgänger wird das in Ordnung sein. Bei anderen Menschen wird in dieser Betreuungsform jedoch das Bedürfnis nach Kontakt, Austausch und sozialer Aktivität nicht ausreichend befriedigt werden. In einer ambulant betreuten Wohngemeinschaft tun sich acht oder mehr Personen zusammen. Gemeinsam können sie sich eine ausreichende Betreuung leisten und sind nicht allein. Ihr Haushalt ähnelt nun einer Großfamilie und es gibt andere Menschen, denen es ähnlich geht, wie einem selbst. Mit ihnen kann man den Alltag gestalten, in Kontakt sein, sich austauschen, etwas unternehmen. Solche Wohngemeinschaften gibt es mittlerweile für pflegebedürftige ältere Personen, beziehungsweise noch viel öfter auch für Menschen mit einer demenziellen Veränderung. In Deutschland sind es mehrere tausende, in der Schweiz und in

Österreich spielt diese Wohn- und Betreuungsform bisher noch keine nennenswerte Rolle.

Die Wohngemeinschaft ist eine Wohnform für Menschen in besonderen Lebenssituationen. Sie soll diesen besonderen Lebenssituationen, die dazu führen, dass man nicht mehr allein in einer Wohnung zurechtkommt, Rechnung tragen. Die in der Wohngemeinschaft Lebenden benötigen Unterstützung bei Alltagstätigkeiten. In dem einen Fall vielleicht nur in Person eines Menschen, der einen motiviert oder anleitet. Im anderen Fall braucht es manchmal eine Person, die einem Dinge abnimmt, die man selbst nicht mehr ausführen kann. Zum Beispiel das Zubereiten einer Mahlzeit. Vielleicht benötigt man auch ergänzend pflegerische Unterstützung. Zum Beispiel beim Duschen oder bei der Einnahme von Medikamenten. Beni äußert in den Gesprächen über alternative Wohnmöglichkeiten oft Angst, seine Selbständigkeit und Freiheit in einer Einrichtung zu verlieren. Ein Pflegeheim lehnt er daher als Möglichkeit für sich radikal ab. Doch auch mit Blick auf eine Wohngemeinschaft fragt er sich, ob er hier seine Unabhängigkeit und Entscheidungsfreiheit aufgeben müsste. Zumindest das Ziel einer Wohngemeinschaft ist genau das Gegenteil. Sie soll nicht mehr und nicht weniger, als den dort Lebenden unabhängig vom Alter und trotz Hilfe und Pflegebedarf ein weitgehend selbstbestimmtes und individuelles Leben in einer gemeinsamen Wohnung zu ermöglichen. Natürlich ist es etwas anderes, ob man allein oder zu zweit oder ob man mit sieben oder acht anderen Menschen zusammenlebt. Gewöhnungsbedürftig dürfte es allemal sein. Auch wird sich kein absoluter Einzelgänger in einer Gemeinschaft mit anderen wohlfühlen. Schließlich geht es dort auch darum, mit anderen Menschen gemeinsam Alltag zu gestalten. Gleichwohl hat jeder seinen Privatbereich, sein eigenes Zimmer, und muss nicht permanent mit anderen Personen zusammen sein, sondern kann seinen individuellen Interessen nachgehen. In vielen Wohngemeinschaften wird auch auf einer weiteren Ebene Selbstbestimmung gelebt. Die Mieterinnen und Mieter oder auch deren Angehörige schließen sich in einem Gremium zusammen, das der Selbstbestimmung dient. Alle wesentlichen Entscheidungen werden dort getroffen: wie das Leben in der Wohngruppe organisiert wird, welche Anschaffungen gemacht werden und selbst, welcher Verein oder Pflegedienst die Betreuungsleistungen in der WG übernimmt. Und wenn man irgendwann einmal unzufrieden mit diesem Dienstleister ist, kann man ihn auch kündigen und sich einen passenderen suchen. In selbstorganisierten Wohngemeinschaften haben die Mieterinnen und Mieter beziehungsweise deren Vertreter all diese Dinge komplett in der Hand. In Wohngemeinschaften, die von Pflegediensten oder anderen Anbietern gesteuert werden, sind diese Selbstbestimmungsmöglichkeiten weniger ausgeprägt, sind prinzipiell aber auch möglich. Eine ambulant betreute Wohngemeinschaft ist keine Einrichtung wie ein Pflegeheim. Man lebt in einer privaten Wohnung, hat einen privaten Mietvertrag und es gibt keinen Träger, der die Konditionen bestimmt.

Es gibt in Deutschland sehr viele Wohngemeinschaften für Menschen mit einer Demenz. Viele davon wurden von deren Angehörigen initiiert und aufgebaut. Für Menschen wie Beni und Rolf, also für sogenannte Frühbetroffene samt Partner, fehlt es noch an solchen Angeboten. Dabei wäre gerade hier das Potenzial gegeben, sich selbstbestimmt die Rahmenbedingungen zu schaffen, die man für die Organisation und Gestaltung seines Lebens außerhalb von stationären Pflegeeinrichtungen benötigt. Für den Aufbau und Betrieb von Wohngemeinschaften gibt es Finanzierungsmöglichkeiten, Möglichkeiten der Beratung und der Begleitung sowie langjährige Erfahrungen. Was es zusätzlich noch braucht sind Menschen, die sich aufgrund ihrer Situation Gedanken um ihre Zukunft machen wollen und die bereit sind, die Hand zu heben und in eigener Sache aktiv zu werden.

22.
Typisch oder untypisch? – Die Realität hat viele Gesichter

Das Fundament der Vielfalt ist die Einzigartigkeit.
(Ernst Ferstl)

Beni und Rolf scheuen sich nicht, in der Öffentlichkeit über ihr Leben mit Demenz zu berichten. Nun sogar in Form eines Buches. Was treibt sie an? Beni erklärt: „Ich will anderen Menschen Mut machen. Sie sollen sich trauen, zu ihrer Behinderung zu stehen und offen mit ihr umzugehen." Aber geht das überhaupt? Ist Beni nicht ein zu spezieller, zu untypischer ‚Fall'? Können andere Menschen, gemeint sind betroffene Menschen, überhaupt etwas damit anfangen, wenn jemand wie er berichtet? Rolf sagt: „Das bekommt man ja ab und an zu hören: Das sei doch nicht die Realität. Die Wirklichkeit sehe doch ganz anders aus. Was denkt ein Angehöriger, dessen Mutter sich in einem Pflegeheim befindet und den ganzen Tag nur noch aus dem Fenster starrt? Was denkt er, wenn er liest, wie Beni zum Bummeln nach Basel oder mit seiner Freundin Dijana spazieren und quatschen geht? Dass das nichts mit der Realität seiner Mutter zu tun hat?" Das stimmt sicherlich. Beni und diese Frau dürften sich in zwei recht verschiedenen Situationen befinden, Rolf und der Angehörige der Heimbewohnerin ebenfalls. Wie sich eben tausende Menschen mit einer kognitiven Behinderung und ihre Angehörigen in tausenden verschiedenen Situationen befinden. Jede Person, jede Ausprägung einer solchen Behinderung, jede Lebenssituation ist einzigartig.

Mit Aussagen, in denen ihrer Situation der Realitätsgehalt abgesprochen wird, können die beiden Männer nichts anfangen. „Leider neigen viele Menschen dazu, nur das, womit sie zu tun haben, für die Realität zu halten. Aber die Realität ist ganz breit und verschieden." Viele Jahre oder gar Jahrzehnte hatte man beim Stichwort Demenz nur alte Menschen im Kopf. Alt und ziemlich hilfebedürftig, weil vieles nicht mehr funktioniert. Die Sprache, das Gehen, die Orientierung, die Selbstversorgung, das Verständnis von Gesprochenem und von Situationen. Meistens können diese Menschen nicht mehr zuhause leben und weder die Angehörigen noch hinzukommende ambulante Dienste können noch auffangen, was an Unterstützung und Präsenz gebraucht wird. Das ist nach wie vor Realität für viele Menschen. Und für andere Menschen ist Realität, dass auch sie kognitiv eingeschränkt sind und meistens eine Demenzdiagnose erhalten haben. Diese Personen können auch alt sein. Siebzig, achtzig oder noch mehr Jahre. Oft aber auch jünger, fünfzig oder sechzig Jahre zum Beispiel. Oder noch viel jünger. Das Alter ist nicht das Entscheidende. Entscheidend ist jedoch, dass bei diesen Personen deutliche kognitive Einbußen vorhanden sind, die jedoch nicht so ausgeprägt sind, wie bei Menschen mit einer schweren Demenz. Diese Betroffenen können daher so manches tun, was andere nicht mehr können. Manches noch vollständig, manches eingeschränkt, vieles oft nur noch in angepasster Form. Doch bei Aussagen wie „Die haben ja gar keine echte Behinderung oder Demenz" verziehen Rolf

Abbildung 22-1: Typisch oder untypisch?

und Beni das Gesicht. „Was bitte schon ist denn echt? Beni kann noch vieles, manches aber nicht. Aber das reicht bei ihm oder bei anderen Betroffenen aus, um einen Haufen Verluste hinnehmen zu müssen. Man bekommt viele Alltagsangelegenheiten nicht mehr allein auf die Reihe. Man verliert einen Teil seiner Selbständigkeit. Das Leben wird schwieriger. Man braucht vielleicht vergleichsweise wenig Unterstützung, aber ohne die läuft es eben nicht mehr." Was wäre, wenn Beni nicht seinen Ehemann hätte? Das Leben sähe für ihn deutlich anders aus. Schlechter. „Vermutlich gibt es mehr Menschen, bei denen die kognitive Behinderung schwerer ausgeprägt ist. Aber es gibt auch die vielen tausenden, die in einer ähnlichen Situation wie Beni sind. Und manche irgendwo dazwischen. Alle zusammen sind sie die Realität."

Wünschen würden sich Rolf und Beni, dass noch mehr betroffene Menschen, denen das möglich ist, Schluss mit dem weitverbreiteten Verstecken und Verkriechen machen. „Das bringt nichts", ist sich Beni sicher. „Wir haben doch noch was vor im Leben! Also müssen wir anfangen, auf die Leute zuzugehen und darüber zu sprechen."

„Ich bin wirklich stolz, wie Beni das macht. Wie offen er über seine Situation spricht. Das hilft uns beiden. Wir gehen auch in die weitere Öffentlichkeit, wie mit diesem Buch zum Beispiel. Aber das muss niemand anderes tun. So etwas tun ohnehin die wenigsten Menschen, sei es nun mit einer Demenz oder mit sonst irgendetwas. Dazu muss man auch ein bisschen der Typ sein, so wie Beni. Wenn man das nicht ist, machts ja gar keinen Sinn." Auch wenn es vermutlich immer nur wenige sein werden, die wie Beni und Rolf aktiv in die Öffentlichkeit gehen, ist das von großer Bedeutung. Ein solches Engagement hat Auswirkungen. „Beni ist einmal gebeten worden, in einer Tagespflegeeinrichtung zu sprechen. Das hat er gerne getan. Die Menschen dort haben am Anfang eher skeptisch geschaut. Aber dann haben sie an seinen Lippen gehangen und genau verfolgt, was er sagt." Beni erinnert sich gerne daran: „Das war toll! Am Ende sind sie auf mich zugekommen und haben sich bedankt. Einige haben gesagt, dass ich Recht habe und sie zukünftig auch offen über ihre Probleme sprechen wollen. So viel Küsschen hier und dort habe ich schon lange nicht mehr bekommen!" Nach einem Talk zum Thema ‚Soll man offen mit seiner Behinderung umgehen?' auf KuKuK-TV, an dem auch Beni und Rolf teilgenommen haben, schrieb eine Frau: „Meine Mutter hat vor einem Jahr eine Demenz Diagnose erhalten. Sie will über ihre Demenz gar nicht sprechen, weil sie das Gefühl hat, dass sie für „dumm" gehalten wird. Dieses Video hat mich bestärkt, doch offen darüber zu reden! Vielleicht kann ich sie auch ermutigen, an einem solchen Austausch teilzunehmen." Ob die Mutter nun wirklich motiviert werden konnte oder nicht: Solche Reaktionen zeigen Beni und Rolf, dass sie mit ihrem offensiven Umgehen etwas auslösen und bewirken. Nicht nur direkt bei Personen mit Einschränkungen, sondern auch indirekt über Dritte. Zum Beispiel über Angehörige und Freunde. Sei es nun durch einen öffentlichen Talk oder eine spontane Reaktion beim Friseur.

Für Rolf ist es wieder einmal Zeit, sich die Haare schneiden zu lassen. Bei dem Friseur in seinem Wohnort Inzlingen ist an diesem Tag viel los. Ein kleiner Junge scheint nicht einverstanden zu sein mit dem, was man dort mit ihm vorhat. Er hat Angst vor dem Friseur und äußert das in lautem Weinen und Schreien. In diese hektische Atmosphäre tritt ein Mann, etwa im Alter von Rolf, mit einem deutlich älteren Herrn ein, der sich als dessen Vater entpuppt. Rolf erkennt schnell, dass dieser Mann vermutlich eine Demenz hat. Der Lärm in dem Friseursalon macht ihn sofort unruhig und ängstlich. Er schimpft: „Was ist denn hier los? Wo bin ich hier? Das ist mir viel zu laut! Ich will hier wieder raus! Hier ist es doof!" Seinem Sohn ist die Situation fürchterlich peinlich. Er versucht den Vater leise zu beschwichtigen, was jedoch nicht gelingt. Rolf versucht die Situation zu retten: ,"Stimmt! Sie haben Recht. Es ist hier sehr laut, das stört mich auch. Der Föhn rumort auch noch. Ich muss Ihnen Recht geben." Der alte Herr blickt Rolf freundlich an. Offensichtlich versteht ihn der junge Mann, das tut gut. Rolf wendet sich an den Sohn: „Ist schon okay. Sie müssen sich keine Sorgen machen. Ich weiß, wie es Ihrem Vater geht. Aber das ist alles auch gar nicht so schlimm, dafür muss man sich auch nicht schämen. Wenn es für Ihren Vater zu stressig sein sollte, dann würde ich nicht aufs Haareschneiden bestehen." Der Sohn bedankt sich. Auch er fühlt sich verstanden und weiß nun, dass ein panischer Vater kein Beinbruch ist.

„Und auch für diejenigen, die beruflich mit alten oder demenziell veränderten Personen zu tun haben, bietet das eine große Chance", meint Rolf. Oft kennen diese ja nur eine Seite des Phänomens Demenz, weil sie in ihrem Job ausschließlich mit Menschen zu tun haben, die sehr schwer beeinträchtigt sind. Das formt dann ein Bild, das nur partiell stimmt, jedoch für die volle Realität gehalten wird. Wenn man da eine Person wie beispielsweise Beni erlebt, kann man urplötzlich ganz neue Erkenntnisse gewinnen. Und wer so etwas einmal erlebt hat, der wird vielleicht auch seine ‚schweren Fälle' mit ganz anderen Augen betrachten.

Rolf hat eine Vision. Als junger Mensch hat er seinen Zivildienst in den Bodelschwing'schen Anstalten in Bielefeld-Bethel abgeleistet. Dort leben seit Jahrzehnten tausende Menschen unterschiedlichen Alters, die an einer Epilepsie leiden. Aus dem Stadtbild von Bielefeld sind sie nicht wegzudenken. Der Anblick von Personen, die einen Lederhelm als Schutz vor Stürzen auf dem Kopf tragen, ist für die Bürgerinnen und Bürger selbstverständlich. „Das ist so wie in Köln zur Karnevalszeit. Da fällst du mit einer Narrenkappe auch nicht auf, sondern gehörst einfach ins Stadtbild. Das Aufeinandertreffen mit den behinderten Menschen in Bethel ist so selbstverständlich, dass niemand in Panik verfällt, wenn hier und dort schon mal jemand einen Anfall erleidet und stürzt. Nicht, weil man herzlos ist, sondern weil man damit umzugehen weiß."

Das wünschen sich Rolf und Beni auch mit Blick auf Menschen, bei denen es um eine kognitive Behinderung geht. „Dass das ganz normal ist. Dass es einfach dazugehört. Und dass alle damit wie selbstverständlich umgehen."

23.
Ein Buch entsteht – Unsere Arbeit als Autorenteam

Bei keinem Zusammenarbeiten ist ein Schuss persönlicher Wärme, ein Schuss persönlicher Zuneigung zu entbehren. Wo es friert, da wächst nichts.
(Julius Langbehn)

Stuttgart im November 2019. In den Räumen von ‚Treffpunkt 60' plus sind Vertreterinnen und Vertreter von Selbsthilfegruppen zusammengekommen. Es sind besondere Selbsthilfegruppen: solche von Menschen mit Vergesslichkeit, Gedächtnisproblemen und Demenz. Sie kommen aus Deutschland und aus Österreich sowie aus der Schweiz. Für alle ist es eine neue Erfahrung, nur ganz wenige der Teilnehmenden kennen sich bisher. Gemeinsam will man an zwei Tagen den Versuch starten, die oft isoliert vor sich hinarbeitenden Gruppen der drei D-A-CH-Länder zu einem Netzwerk zusammenzuführen. Der Versuch gelingt, doch am Abend des ersten Veranstaltungstages sitzt man erst einmal in gemütlicher Runde bei einem guten Essen sowie bei Bier und Wein zusammen. Die Teilnehmerinnen und Teilnehmer des Treffens bilden mehrere Sitzgruppen an den Tischen des Lokals. Ab und an wechseln einzelne Personen den Tisch und kommen mit neuen Gesprächspartnern in Kontakt. Irgendwann stößt Beni Steinauer zu Christina Pletzer, einer der beiden Koordinatoren der Zusammenkunft, an den Tisch. Die beiden kommen in ein intensives Gespräch. Beni ist Mitglied einer Selbsthilfegruppe in Basel. Er ist gemeinsam mit Flurina Manz vom Basler Wirrgarten nach Stuttgart gekommen. Beni erzählt von seiner Demenz, dem Leben mit seinem Ehemann Rolf Könemann und ihren gemeinsamen Diskussionen über das Leben, den Tod, die Zukunft. Christina ist sehr angetan und berührt. „Man müsste das, was du erzählst, in einem Buch niederschreiben", sagt sie zu Beni. Der findet die

Idee spontan gut und fragt nur, wie das wohl gehen sollte. Christina wendet sich ihrem Partner und Mitkoordinator des Selbsthilfetreffens zu. „Du, ich glaube, hier ist gerade eine tolle Idee entstanden!“ Peter Wißmann hat schon einmal gemeinsam mit einem Alzheimerbetroffenen ein Buch geschrieben. Als er hört, worum es geht, ist er sofort dabei. Als der Abend in dem gemütlichen Restaurant endet, haben Beni, Christina und Peter ein neues Projekt verabredet. Das Buch, das Sie, liebe Leserinnen und Leser, gerade in den Händen halten!

Doch bis dahin ist es noch ein weiter Weg. Wie versprochen, sendet Peter kurze Zeit später eine E-Mail an Beni und Rolf und fragt nach, ob die Buchidee immer noch gewünscht ist. Sie ist es! Auch Rolf ist von der Idee angetan, bittet aber um mehr Informationen darüber, wie die konkrete Umsetzung ausschauen könnte. Die beiden Männer erhalten daraufhin eine kurze Beschreibung des Prozesses, der zu der geplanten Veröffentlichung führen soll, sowie ein Exemplar des Buches, das Peter vor mehreren Jahren gemeinsam mit dem Alzheimerbetroffenen Christian Zimmermann geschrieben hat. Nun steht dem Projekt nichts mehr entgegen. Lediglich die Zeit! Man vereinbart, das Buch zeitlich so anzugehen, dass es 2021 erscheinen kann.

Der Arbeitsprozess

Im Januar 2020 treffen sich Beni, Rolf und Peter am Rande einer Veranstaltung in Basel. Auch wenn das aktive Buchschreiben erst viel später beginnen kann, möchte man sich in nächster Zeit schon einmal in Inzlingen, dem Wohnort von Beni und Rolf in Baden-Württemberg, zu einem ersten Austausch treffen. Doch dazu soll es nicht kommen. Im März beginnt die Zeit der Lockdowns und anderer Einschränkungen infolge der Coronapandemie. Zweimal planen die drei Männer in der Folgezeit ein Treffen in Inzlingen, doch kurz davor treten in beiden Fällen Maßnahmenverschärfungen in Kraft, die ein Zusammenkommen unmöglich machen. Das Buch ‚Herausforderung angenommen!‘ wird ein Kind der Coronazeit. Der komplette Arbeitsprozess muss via Videokonferenzen stattfinden. Diese Konferenzen werden ab einem bestimmten Zeitraum zur sonntäglichen Routine der drei Beteiligten. Beim ersten virtuellen Arbeitsmeeting werden Themen verabredet, die man in der Folgezeit peu à peu in den Videogesprächen durchgeht. Nicht nur die Themen, sondern auch der Stil, die Bestandteile und weitere Buchelemente werden in diesen Runden abgestimmt. Zwei Dinge fehlen in diesem Stadium noch: Zum einen Text, denn während man in Videomeetings unzählige Stunden Gesprächsmaterial sammelt, entsteht noch keine einzige Buchzeile. Und dann fehlt noch ein Verlag, in dem das Buch erscheinen soll. Peter, der seit vielen

Jahren gute Kontakte zu Jürgen Georg vom Hogrefe-Verlag hat, fragt bei diesem an. Offensichtlich ist das Vorhaben interessant, denn nach genauer Prüfung gibt der Verlag grünes Licht. Währenddessen transkribiert Celine Wißmann in Berlin das umfangreiche Video- und Audiomaterial und schafft die Grundlage für die später erfolgende Schreibarbeit. Nun ist die Vorbereitungsphase abgeschlossen, es geht an die Texte, die ersten Seiten scheinen auf dem Monitor des PC auf. Sobald er ein Kapitel oder einen Teilbereich des Manuskriptes niedergeschrieben hat, sendet er es an Beni und Rolf zur Prüfung. Die beiden Männer müssen schauen, ob sie mit dem Text, seinen Inhalten und Formulierungen einverstanden sind und benennen, wo sie Änderungsbedarf sehen oder Ergänzungen leisten können. Beim Schreiben des Textes fallen dem Schreibenden immer wieder Wissenslücken auf, die nur von den beiden Protagonisten aus Inzlingen gefüllt werden können. Via E-Mail und in den regelmäßigen Videorunden werden notwendige Änderungen und Ergänzungen oder auch Vertiefungen besprochen. Als Devise gilt: Es darf kein Satz und keine Formulierung in dem Buch vorkommen, die nicht von Beni und Rolf ‚abgesegnet' wurden.

Eine wichtige konzeptionelle Änderung wird gleich zu Beginn der Zusammenarbeit vorgenommen. Sollte ursprünglich Beni der Protagonist des Buches sein, wird in den Gesprächen schnell deutlich, dass diese Idee nicht aufgeht. Beni und Rolf sind ein Team, das nicht getrennt werden kann. Nicht im Leben und nicht im Buch. Und so gibt es fortan zwei Protagonisten. Irgendwann schlägt Peter vor, einige der für Beni und Rolf wichtigen Personen, die mehrfach in den gemeinsamen Gesprächen auftauchen, in geeigneter Form im Text des Buches erscheinen zu lassen. Die Idee: Diese Personen können wichtige Charaktereigenschaften von Beni und Rolf verdeutlichen. Und so führt Peter Video- und Telefongespräche mit Rolfs Mutter, mit Flurina Manz vom Basler Wirrgarten, mit Daniel Wagner vom Demenz Meet Zürich und mit Dijana Tadic, einer ehemaligen Mitarbeiterin von Beni und guten Freundin der beiden Männer. Die Genannten werden Teil des Buches.

Das Dreierteam Beni, Rolf und Peter verabredet sich mit Jürgen Georg zu einem Videomeeting. Der Verantwortliche im Verlag und die beiden ‚Hauptdarsteller' sollen sich persönlich kennenlernen, zumindest auf dem Bildschirm. Fazit: Die Chemie stimmt zwischen allen Beteiligten, man entwickelt noch die ein oder andere ergänzende Idee für das Buch. Eine Idee wurde bereits vorab geboren und geklärt. Warum nicht auch einen Song zum Buch machen? Peter spricht den befreundeten Musiker und Komponisten Nils Hemme Hemmen alias Silberfuxxx aus Esslingen am Neckar an und dieser sagt spontan zu. Es versteht sich von selbst: So wie das Buchmanuskript wird auch der Songtext gemeinsam angeschaut und letztendlich von Beni und Rolf freigegeben. Das gilt auch für den Buchtitel, die Fotos und das Buchcover. Viele Stunden Arbeit fließen in die Erarbeitung des Buches ein. Dann aber ist es soweit: Das Manuskript steht, Beni, Rolf und Peter nehmen einen letzten Check vor und dann geht es an den Verlag. Nun wird es noch den ein oder anderen Monat dauern, aber am Ende liegt „Herausforderung angenommen!“ auf dem Tisch. Die in einem Stuttgarter Lokal spontan entwickelte Idee hat sich materialisiert.

Charakter und Stil

Was für ein Buch wollen wir schreiben? Diese Frage steht ganz am Anfang des Arbeitsprozesses im Raum. Es soll kein Fachbuch werden, da sind sich alle Beteiligten sofort einig. Zumindest kein Fachbuch klassischer Art, in dem berufliche Experten Sachinformationen über ein Thema aufbereiten, das sie aus eigener Erfahrung gar nicht kennen. ‚Herausforderung angenommen!‘ kann jedoch in einem anderen Sinn als Fachbuch betrachtet werden. Denn hier kommen Experten in eigener Sache und auf der Basis eigener Erfahrung zu Wort. Solche Fachbücher gibt es bisher nur sehr wenige.

Vor allem soll das Buch aber eines sein: „Es soll ein Mutmachbuch sein“, sagt Beni. „Wir wollen anderen Menschen Mut machen, ihr Leben mit einer Demenz anzunehmen und das Beste daraus zu machen.“ Damit wendet es sich an einen breiten Leserkreis: an Menschen, die Probleme mit ihren kognitiven Fähigkeiten aufweisen oder die eine Demenzdiagnose erhalten haben. An alle, die mit diesen Menschen zu tun haben und die mit ihnen verbunden sind. Das können die Partner und Kinder, die Enkel oder die besten Freunde eines Menschen sein, der kognitiv schwächelt. Angesprochen sind all diejenigen, die sich insgeheim davor ängstigen, dass ihre geistigen Fähigkeiten einmal schlechter werden könnten, als sie es jetzt noch sind. Und die sich nur schwer vorstellen können, wie dann noch ein gutes Leben möglich sein soll. Das Buch ist für die vielen Nachbarn, Arbeitskollegen, Passanten, Kunden in Supermärkten, Urlaubsreisenden und anderen Menschen, deren Wege sich im Alltag mit denen von Personen kreuzen, die auf den ersten Blick ein wenig komisch erscheinen. Oder über die sie sich ärgern, weil sie am Bahnhofsschalter oder an der Supermarktkasse das Tempo drosseln. ‚Herausforderung angenommen!‘ wendet sich an neugierige Menschen, die Interesse haben, die Innenperspektive und das authentische Erleben zweier Personen kennenzulernen, die mit einer Demenz zurechtkommen müssen.

Ein Buch, das ein Mutmachbuch sein und all die genannten Menschen erreichen möchte, wird sich auch stilistisch von klassischen Fachbüchern zum Thema

Demenz unterscheiden. Beni und Rolf sind in dem Buch keine abstrakten Demenzbetroffenen oder Partner derselben, sondern konkrete Menschen aus Fleisch und Blut. Man kann sie – so die Hoffnung – ein wenig als Persönlichkeiten kennenlernen und Einblick in ihr Leben gewinnen. Sie sind individuell, wie jeder Mensch, gleichzeitig aber in der Lage, mit ihrem Beispiel anderen Menschen Anregungen zu geben, ihren eigenen Weg zu finden und die Herausforderung Demenz anzunehmen. In dem Buch schildern sie ihren Alltag, ihre Gedanken, ihre Erlebnisse, Ängste, Freuden und Strategien. Zu wichtigen Aspekten gibt es für die Leserinnen und Leser vertiefende Informationseinschübe („Gut zu wissen!"), die jedoch nie zu trockenen Infoboxen werden. Der Bezug zu Beni und Rolf ist immer gegeben und das jeweilige Thema wird auch auf andere Situationen anderer Menschen ausgeweitet.

Unterhaltsam soll das Buch sein. Bei Fachbüchern würde dieser Anspruch vermutlich Stirnrunzeln hervorrufen. Doch für die drei Erzeuger von „Herausforderung angenommen!" besteht hierüber von Beginn an Einigkeit. Unterhaltsam bedeutet nicht flapsig oder unernst. Es bedeutet, dass Menschen das Buch gerne lesen sollen und nicht das Gefühl haben, sich durch den Text quälen zu müssen. Zur ‚Unterhaltsamkeit' beitragen sollen die unterschiedlichen Elemente, die in das Buch eingeflossen sind. Da gibt es die Kapitel, in denen aus dem Leben von Beni und Rolf berichtet wird. Oft sind hier O-Ton der beiden sowie Anekdoten aus dem Alltag eingebaut. In „Gut zu wissen!"-Textteilen werden einzelne Themenaspekte noch einmal etwas tiefer beleuchtet. Aus drei Videogesprächen wurde kein ‚normales' Kapitel gemacht, sondern die Gespräche wurden in gekürzter Form als Gespräche in das Buch integriert. Enthalten ist ebenfalls ein Auszug aus einer Talkrunde von Demenzbetroffenen auf dem Teilhabesender KuKuK-TV. Beni und Rolf sind dabei. Der Schreibstil beziehungsweise die Sprache ist schlicht. Schlicht im Sinne von knapp mit zumeist kurzen Sätzen. Auch hierüber besteht sofort Übereinstimmung. Für Peter, den Textschreiber, ohnehin kein Problem. Den Wert von Kürze und Verknappung weiß er als Haiku-Schreibender seit Langem zu schätzen. Rolf und Beni sind von sich ausgegangen. Was lesen sie gerne? Sie mögen Texte, die auf komplizierten Satzbau und gedrechselte Wortwahl sowie auf überflüssige Fremdwörter verzichten.

Tradition

Mit ‚Herausforderung angenommen!' knüpfen wir an eine Tradition an, die vor mehr als zehn Jahren im deutschsprachigen Raum ihren Anfang genommen hat. Unter dem Motto ‚Wir sprechen für uns selbst!' wurden erste Bücher von Menschen mit einer kognitiven Behinderung geschrieben und veröffentlicht. Entstanden sind sie wie das vorliegende Buch im Rahmen einer Schreibassistenz, das bedeutet: Eine Person mit Schreib- beziehungsweise Autorenkompetenz bildet mit einer betroffenen Person, der Expertin in eigener Sache, ein Team und entwickelt ein Buch. Gleichzeitig wurden Bücher von betroffenen Personen aus anderen Ländern ins Deutsche übersetzt und auf dem deutschsprachigen Büchermarkt zur Verfügung gestellt. Beni und Rolf: „Wir selbst nehmen uns nicht so wichtig. Aber wenn wir mit diesem Buch anderen Menschen ein Stück Angst nehmen und sie ermutigen können, ihren Weg zu gehen, dann hat sich der ganze Aufwand gelohnt."

Dankeschön!

Liebe Leserinnen und Leser!
Vielleicht konnte dieses Buch Ihnen einen kleinen Einblick in unser neues Leben mit Demenz geben. Dank Benis Zuversicht, Optimismus und seine Liebe zum Leben ist es uns gelungen, die letzten Jahre gut zu meistern. Und wir hoffen, noch viele spannende Dinge zu erleben. Durch unsere neue Lebenssituation haben wir in den letzten Jahren viele liebe Menschen kennengelernt. Stellvertretend für viele, viele andere liebgewonnene Menschen, möchten wir hier einigen ein Dankeschön sagen.

Dijana Tadic, eine frühere liebe Arbeitskollegin. „Wir wissen Ihre Ehrlichkeit und Aufrichtigkeit sehr zu schätzen. Sie sind eine wahre Freundin. Danke für Ihre Hilfe und vielen Ratschläge, die von Herzen kommen, liebe Dijana."

Flurina Manz vom Basler Wirrgarten. „Du warst unsere erste große Hilfe in der schwierigen Anfangszeit, als wir uns sehr verloren fühlten. Du hast uns durch deine aufrichtige Art sehr geholfen. Das werden wir nicht vergessen."

Daniel Wagner, Organisator des Demenz Meet Zürich. „Du und dein von dir ins Leben gerufenes Demenz Meet haben uns die Tür geöffnet und uns das Gefühl gegeben, nicht alleine auf der Welt zu sein. Chapeau, vor dem, was du auf die Beine gestellt hast. Die Posterboys ;)."

Renate, Nachbarin. „Im Buch wurde unser gutes Verhältnis zu unseren Nachbarn und vielen anderen Menschen in unserem Dorf erwähnt. Stellvertretend für alle ein großes Dankeschön an unsere liebe junggebliebene Nachbarin Renate. Danke für die Tasse Kaffee oder auch das Gläschen Sekt bei dir im Wohnzimmer. Danke für die kleinen Anziehhilfen oder die Hilfe, wenn wieder einmal etwas nicht geklappt hat."

Gabi und Bernd, ehemalige Nachbarn. „Nicht zu vergessen Gabi und Bernd. Ihr wart für uns nicht nur Nachbarn, sondern Freunde. Leider seid ihr vor einem Jahr umgezogen. Ihr habt uns immer unterstützt und geholfen, wenn wir Hilfe benötigten. Ihr wart einfach immer für uns da."

Marlis Lamers, Gefühlsdolmetscherin. „Stellvertretend für alle lieben Menschen, die wir auf den Demenz Meets kennengelernt haben. Du bist eine tolle Zuhörerin und Ratgeberin und wir hatten auch schon viel Spaß zusammen, siehe Koffergeschichten in Wien".

Chorsängerinnen und Sänger. „Danke an alle Sängerinnen und Sänger sowie ihre Angehörigen vom ZDF-Projekt ‚Unvergesslich – Unser Chor für Menschen mit Demenz'. Wir waren echt eine starke Gemeinschaft. Einfach unvergesslich. Es ist richtig schön, euch zu kennen."

Christina Pletzer und Peter Wißmann, Impulsgeberin und Buchschreiber. „Danke an Christina Pletzer, die uns Mut zu diesem Buch gemacht hat, und natürlich an Peter Wißmann, der den Mut gehabt hat, das Gesprochene in einen tollen Text zu verwandeln."

Stefan, Filialleiter. „Danke an den lieben Filialleiter Stefan vom Inzlinger Landmarkt, unser Lädeli ;). Du hast immer ein offenes Ohr, du oder deine Leute helfen Beni beim Einpacken oder helfen mit einer Maske aus, wenn Beni diese mal wieder vergessen hat. Schön, dass es unser kleines Lädeli noch gibt."

Die Damen der Inzlinger Wasserschloss Apotheke. „Ein liebes Dankeschön an die Damen der Inzlinger Wasserschloss-Apotheke. Sie haben immer ein offenes Ohr für mich und sind um meine Gesundheit aufrichtig besorgt. Und wenn ich auch hier mal wieder meine Maske vergessen habe, reicht ein Blick durch die Scheibe und eine der Damen kommt sofort mit einem Mund-Nasen-Schutz zu mir nach draußen."

Irmhild Könemann, Mutter. „Liebe Mama, ein ganz großes Danke an dich. Einfach danke, dass es dich gibt und wir deine Kinder sind. Wir wissen, dass dein Herz voller Sorge um uns ist. Aber trotzdem strahlst du immer Freude und Zuversicht aus. Wir beide haben dich sehr lieb."

Celine Wißmann, Transkribentin. „Stunden um Stunden Videomaterial anschauen und verschriftlichen: keine leichte Aufgabe. Du hast sie wundervoll gemeistert und uns sehr geholfen. Herzlichen Dank dafür!"

Nils Hemme Hemmen, Musiker, Komponist, Songschreiber. „Ein Buch über uns! Wie toll ist denn das! Und dann noch einen Song! Vielen Dank dafür, dass du dein Knowhow als Musiker und Komponist in das Projekt eingebracht und diesen tollen Song geschaffen hast."

Jürgen Georg, Hogrefe-Verlag. „Buchverlag, das war für uns vor kurzem noch etwas Unbekanntes und nicht Greifbares. Mit dir hat das Wort ‚Verlag' für uns ein Gesicht erhalten. Danke dafür, dass du unsere Buchidee so positiv aufgenommen und uns bei der Umsetzung unterstützt hast."

Und ein dickes Dankeschön, an alle, die wir hier nicht genannt, aber ganz sicher nicht vergessen haben!

24.
Ein Song für Beni & Rolf

Während der Entstehung dieses Buches haben wir zu dritt – Beni, Rolf, Peter – viel über Musik gesprochen. Über die Musik, die im Leben von Beni und Rolf eine Rolle gespielt hat und heute noch spielt. Und während eines solchen Gesprächs steht urplötzlich eine Idee im Raum: Wir machen nicht nur ein Buch, wir machen auch einen Song über – oder für? – Beni und Rolf! Nun ja, was heißt schon: wir. Wir drei können das ja gar nicht. Leider sind wir weder Songschreiber noch Komponisten. Aber Nils Hemme Hemmen alias Silberfuxxx ist es! Und da Peter gute Kontakte zu ihm hat, kann er ja einfach einmal bei ihm anklopfen. Gesagt, getan, und: Nils ist sofort begeistert von der Idee und sagt zu! Er will gerne einen Song schreiben und komponieren. Und er tut es dann auch. Einfach so! Weil er die Idee faszinierend findet und auch, nachdem er Textproben des Buchmanuskriptes gelesen hat, die Geschichte der beiden Männer aus Inzlingen. Gemeinsam Themen und Anliegen von Menschen musikalisch aufzugreifen, die mit kognitiven Einschränkungen leben, das hatten Nils und Peter ohnehin miteinander verabredet. Und hierzu bietet sich nun eine schöne Möglichkeit an. Nils ist halt nicht einfach Musiker, er hat auch ein Anliegen:

„Geht nicht!“, sagt die Musikindustrie. „Geht sogar sehr gut ...“, sagt der Singer, Songwriter und Livemusiker Nils Hemme Hemmen alias Silberfuxxx. Mittlerweile seit Jahrzehnten in den Bands „KO rockt“ und „DAS kleine HAMMERORCHESTER“ aktiv, bemerkt er immer wieder, dass man auch ältere Menschen für ganz neue Songs hellauf begeistern kann. Das vielzitierte Totschlag-Argument, diese seien auf die Songs ihrer Jugend „konditioniert“ und für neue Titel und Akteure nicht oder nur sehr schwer zu begeistern, stimmt vielleicht für Lieder, die nichts mit der

Lebenswirklichkeit dieser Generation zu tun haben. Spricht „ein alter Fuchs" in seinen Songs jedoch die Themen an, die das Älterwerden mit sich bringt, sieht die Sache anders aus. Silberfuxxx kann sich durchaus vorstellen, in zehn, zwanzig Jahren mit seiner Musik durch die Altersheime der Republik zu touren. „Warum nicht? Neue, gute Lieder sind keine Frage des Alters", lautet das Credo des erfahrenen Songschreibers und Livemusikers. Und da die Gesellschaft sowieso zunehmend älter wird, ist da für einen wie ihn allemal Platz im Geschehen.

Beni und Rolf sind nicht wirklich alt. Aber was heißt das schon? Es sind zwei Männer, die beherzt eine große Herausforderung angenommen haben und Mutmacher für Menschen in einer vergleichbaren Lage sein können und wollen. Und das verdient Unterstützung!

Songtext:* *„Herausforderung angenommen!"
Autor Musik und Text: *Nils Hemme Hemmen*
Interpret: *Silberfuxxx & Luser*

SILBERFUXXX

Abbildung 24-1: Nils Hemme Hemmen alias Silberfuxxx

Gerade sind wir
in der Welt angekommen
Wir hab'n uns verliebt
und hab'n uns angenommen

Gemeinsam so manche Hürden genommen und auch
viele viele viele Gipfel erklommen
Und plötzlich ist die Erinnerung wie von Sinnen
Die Welt tickt verkehrt …

Und doch: Heißt Verlieren nicht auch Gewinnen?
Ist die Welt nicht so auch
unendlich viel Wert?

HERAUSFORDERUNG ANGENOMMEN
WAS KOMMEN WILL, SOLL KOMMEN!

HERAUSFORDERUNG ANGENOMMEN

WAS KOMMEN WILL,
KANN RUHIG KOMMEN!

Das Hier und Jetzt mit Dir,
meine Liebe ist das, was zählt

Und wenn der Wind sich ändert,
dann setzen wir die Segel neu
Und bleiben unser'm Lebensmotto
treu …

HERAUSFORDERUNG …

Abbildung 24-2: Luser

Hinweise zu den Zusatz-Materialien

Der von Nils Hemme Hemmen komponierte und getextete und von Silberfuxx & Luser interpretierte Song „Herausforderung angenommen!“ kann kostenfrei über unsere Internetseite nach erfolgter Registrierung abgerufen werden.

Nutzen Sie dazu bitte den angegebenen Link und melden Sie sich nach den dort beschriebenen Schritten an. Sie können auf die Materialien über ***Mein Konto*** zugreifen, indem Sie unter ***Meine Zusatzmaterialien*** den Code eingeben. Sie werden dann automatisch in den Downloadbereich weitergeleitet.

Link: hgf.io/download
Code: **B-7KVXB3**

Wir empfehlen Ihnen, sich die Materialien auf Ihrem Rechner zu speichern, um sie jederzeit und dauerhaft nutzen zu können.

Weitere fortlaufende Informationen zum Projekt „Herausforderung angenommen“ können unter dem Link
www.herausforderung-angenommen.com
aufgerufen werden.

Zum Weiterschauen und Weiterlesen – Links und Adressen

Gut zu wissen! – Selbsthilfegruppen

- Unter dem Dach von ‚EmpowerMenz – Deutschsprachiges Netzwerk unterstützter Selbsthilfegruppen von Menschen mit Gedächtnisproblemen' haben sich 2019 Selbsthilfegruppen aus Deutschland, aus Österreich und aus der Schweiz zusammengeschlossen.
  Ziel ist es, die Selbsthilfe und die Selbstvertretung von Menschen mit Vergesslichkeit/Demenz voranzutreiben. An den zumeist virtuellen Arbeitstreffen nehmen Gruppenmitglieder (Menschen mit Vergesslichkeit/Demenz) und Moderator*innen der Gruppen teil. Beni Steinauer ist Mitgründer dieses Netzwerkes.
- Auf der Webseite von EmpowerMenz findet man die Informationen und Kontaktdaten der Gruppen sowie Texte und Videos zum Thema ‚Unterstützte Selbsthilfe und Selbstvertretung'. Zur Verfügung stehen weiterhin Informationen zu Arbeitsprojekten des Netzwerkes, zum Beispiel zum Thema ‚Persönliche Assistenz oder Videotelefonie für Menschen mit Vergesslichkeit/Demenz'.
  www.empowermenz.com
- Weitverbreitet sind Selbsthilfegruppen von Angehörigen, die Menschen mit Vergesslichkeit/Demenz begleiten, betreuen oder pflegen. Die Adressen solcher Gruppen findet man zumeist auf den Webseiten der Alzheimer-Gesellschaften.
  www.deutsche-alzheimer.de
  www.alzheimer-schweiz.ch
  www.alzheimer-selbsthilfe.at

Gut zu wissen! – Homosexualität und gleichgeschlechtliche Ehe

- Informationen zur gleichgeschlechtlichen Ehe sowie zu weiteren Themen rund um das Thema Homosexualität findet man auf den Webseiten der Lesben- und Schwulenverbände in den D-A-CH-Ländern.
  www.lsvd.de (Deutschland)
  www.pinkcross.ch und www.los.ch/ (Schweiz)
  www.hosilinz.at (Österreich)

Gut zu wissen! – Vorsorgeinstrumente

Vorsorgevollmacht

- Deutschland: www.bmjv.de: Vorsorge und Patientenrechte
- Schweiz: www.vorsorgeauftrag-vorlage.ch: Vorsorgeauftrag – Was ist das?
- Österreich: www.oesterreich.gv.at: Vorsorgevollmacht

Patientenverfügung

- Deutschland: www.bundesgesundheitsministerium.de: Patientenverfügung
- Schweiz: www.ch.ch: Patientenverfügung – was Sie wissen müssen
- Österreich: www.oesterreich.gv.at: Patientenverfügung

Testament

- Deutschland: www.bmjv.de: Erben und Vererben
- Schweiz: www.ch.ch: Erben in der Schweiz
- Österreich: www.oesterreich.gv.at: Eigenhändige Verfügung (bisher auch nur ‚Testament')

Gut zu wissen! – Reisen

- Urlaubs- und Reiseangebote als betreute und für individuelle Formate im deutschsprachigen Raum sowie im ferneren Ausland (z. B. Thailand) finden sich in der Übersicht der Deutschen Alzheimer Gesellschaft: www.deutsche-alzheimer.de/fileadmin/alz/pdf/Urlaubsreisen_DAlzG.pdf

Gut zu wissen! – Kreativität, Kunst, Musik

- In der Handreichung ‚Öffentliche Einrichtungen als Orte gesellschaftlicher Teilhabe für Menschen mit Demenz' geht es um Museen, offene Ateliers, Musik- und Theaterprojekte.
  Herausgeber ist das deutsche Bundesfamilienministerium (BMFSFJ), Autoren sind Michael Ganß und Peter Wißmann. www.bmfsfj.de/bmfsfj/service/publikationen

Gut zu wissen! – Haustiere und Demenz

- Die Kontaktdaten von Projekten, die mit Hunden oder anderen Tieren Menschen mit einer demenziellen Behinderung im Pflegeheim oder im häuslichen Umfeld besuchen, erfragt man am besten bei der jeweiligen Alzheimer-Gesellschaft vor Ort oder zentral:
  www.deutsche-alzheimer.de
  www.alzheimer-schweiz.ch
  www.alzheimer-selbsthilfe.at

Gut zu wissen! – Pflegezeiten

- Die Regelungen und Ansprüche in Deutschland findet man auf der Webseite des BMFSFJ unter den Suchbegriffen ‚Die Familienpflegezeit' (Broschüre) oder ‚Erklärvideo Familienpflegezeit'. www.bmfsfj.de/bmfsfj
- In Österreich wird man auf der behördenübergreifenden Internetplattform www.oesterreich.gv.at zu dem Suchbegriff ‚Pflegekarenz und Pflegeteilzeit' fündig.
- In der Schweiz existieren keine Regelungen zur Pflegezeit (außer bei Krankheit des eigenen Kindes, drei Tage Arbeitsbefreiung).

Gut zu wissen! – Wohngemeinschaften

- Für Deutschland findet man bei der Deutschen Alzheimer Gesellschaft ein allgemeines Informationsblatt mit Grundinformationen und bei der Fachstelle für ambulant unterstützte Wohnformen in Baden-Württemberg mehrere Bro-

schüren zu relevanten Aspekten ambulanter Wohngemeinschaften (Konzept, Verträge, Finanzierung und mehr). Zu dem Aspekt Raumgestaltung in einer WG hat die Demenz Support Stuttgart eine Arbeitshilfe mit dem Titel ‚Gemeinsam ein Zuhause gestalten' herausgegeben.
www.deutsche-alzheimer.de (Infoblatt 13)
www.kvjs.de/soziales/fawo-fachstelle-fuer-ambulant-unterstuetzte-wohnformen (Broschüren)
www.demenz-support.de (Publikationen)
- Für Österreich findet man auf dem öffentlichen Gesundheitsportal Informationen zu Seniorenwohngemeinschaften im Allgemeinen und zu betreuten Wohngemeinschaften im Speziellen: www.gesundheit.gv.at/ (Suchbegriff ‚Wohngemeinschaften')
- Schweiz: Ein Bericht über die erste Schweizer Alzheimer-WG findet sich hier: https://www.tagblatt.ch/schweiz/zwischenhalt-in-der-demenz-wg-ld.708371

Weitere Links/Textquellen

- https://www.sekis-berlin.de/selbsthilfe/was-ist-selbsthilfe
- https://www.youtube.com/kukuktv
- https://demenz.diakonie.at/was-heisst-demenz/erkrankungsformen

Unser buntes Leben – Fotocollage

Die Autoren

Leo Beni Steinauer: Bis zu seiner Demenzdiagnose war der gebürtige Zuger, im Kanton Zug, in der Schweiz als Filialleiter im Schuhhandel tätig. Er lebt heute mit seinem Ehemann Rolf in Inzlingen, Baden-Württemberg.

Rolf Könemann: Der gebürtige Westfale arbeitet als Filial- und Bezirksleiter bei einem großen Schuhdiscounter in Baden-Württemberg. Seit 1997 ist er mit Beni Steinauer in einer Beziehung, seit 2008 verpartnert und seit 2017 verheiratet.

Peter Wißmann: Der aus Deutschland stammende Buchautor, Redner und Coach lebt in Innsbruck, Tirol, und ist im Team WaL – Wachstum ab der Lebensmitte tätig.

Weblinks
www.team-wal.com
www.peter-wissmann.com

Weiterführende Literatur: Das Dementia-Care-Programm im Hogrefe-Verlag

Aktivierung

Spector, A., Thorgrimsen, L., Woods, B. & Orrell, M. (2012). *Kognitive Anregung (CST) für Menschen mit Demenz*. Bern: Huber.

Tschan, E. (2014). *Integrative Aktivierende Alltagsgestaltung – Konzept und Anwendung*. Bern: Huber.

Tuntland, H. (2022). *Das ADL/IADL-Handbuch. Das Selbstversorgungshandbuch für Pflegende und Ergotherapeuten*. Bern: Hogrefe. (in Vorbereitung)

Waldboth, V., Suter-Riederer, S., Föhn, M., Schneiter-Ulmann, R. & Imhof, L. (2017). *Pflanzengestützte Pflege*. Bern: Hogrefe. https://doi.org/10.1024/85762-000

Zoutewelle-Moris, S. (2019). *Wenn es Schokolade regnet – 99 kreative Ideen für die Arbeit mit Menschen mit Demenz* (2. Aufl.). Bern: Hogrefe.

Akutversorgung

James, J., Cotton, B., Knight, J., Freyne, R., Pettit, J. & Gilby, L. (2019). *Menschen mit Demenz im Krankenhaus versorgen*. Bern: Hogrefe. https://doi.org/10.1024/85828-000

Angehörigenarbeit

Schäfer, U. & Rüther, E. (2004). *Demenz – Gemeinsam den Alltag bewältigen*. Göttingen: Hogrefe.

Wilz, G. & Pfeiffer, K. (2019). *Pflegende Angehörige*. Göttingen: Hogrefe. https://doi.org/10.1026/02735-000

Wilz, G., Schinkötte, D. & Kalytta, T. (2015). *Therapeutische Unterstützung für pflegende Angehörige von Menschen mit Demenz*. Göttingen: Hogrefe.
Wilz, G., Adler, C. & Gunzelmann, T. (2001). *Gruppenarbeit mit Angehörigen von Demenzkranken*. Göttingen: Hogrefe.
Woods, B., Keady, J. & Seddon, D. (2009). *Angehörigenintegration*. Bern: Huber.

Assessment

Becker, S., Kaspar, R. & Kruse, A. (2010). *H.I.L.DE – Heidelberger Instrument zur Erfassung der Lebensqualität demenzkranker Menschen*. Bern: Huber.
Gupta, A. (2012). *Assessmentinstrumente für alte Menschen*. Bern: Huber.
Riesner, C. (Hrsg.). (2014). *Dementia Care Mapping (DCM) – Evaluation und Anwendung im deutschsprachigen Raum*. Bern: Huber.
Stemmler, M. & Kornhuber, J. (2018). *Demenzdiagnostik*. Göttingen: Hogrefe. https://doi.org/10.1026/02760-000

Beratung/Patientenedukation

Lippinska, D. (2010). *Menschen mit Demenz person-zentriert beraten*. Bern: Huber.

Demenz-Begleiter

Werner, S. (2019). *Pflegeassistenz Notes*. Bern: Hogrefe. https://doi.org/10.1024/85865-000
Werner, S. (2017). *Demenzbegleiter Notes*. Bern: Hogrefe. https://doi.org/10.1024/85656-000
Werner, S. (2016). *Alltagsbegleiter Notes*. Bern: Hogrefe. https://doi.org/10.1024/85654-000
Werner, S. (2015). *Praxishandbuch für Alltagsbegleiter*. Bern: Hogrefe.
Werner, S. (2013). *Praxishandbuch für Demenzbegleiter*. Bern: Huber.

Demenzerkrankung

Hafner, M. & Meier, A. (2005). *Geriatrische Krankheitslehre I – Psychiatrische und neurogene Symptome*. Bern: Huber.
Hülshoff, T. (2008). *Das Gehirn*. Bern: Huber.
Jahn, T. (2015). *Demenzen*. Göttingen: Hogrefe.
Martin, M. & Schelling, H.R. (Hrsg.). (2005). *Demenz in Schlüsselbegriffen*. Bern: Huber.
Rahman, S. & Howard, R. (2019). *Demenz kompakt. Kurzlehrbuch zur Pflege und Versorgung von Menschen mit Demenz*. Bern: Hogrefe.
Rahman, S. (2022). *Das Frailty-Buch. Gebrechliche alte Menschen betreuen, pflegen und versorgen*. Bern: Hogrefe. (in Vorbereitung)

Demenz-Forschung/Epidemiologie

Innes, A. (Hrsg.). (2014). *Demenzforschung*. Bern: Huber.
Doblhammer, G. (2012). *Demografie der Demenz*. Bern: Huber.

Demenz und Zivilgesellschaft

Robert Bosch Stiftung. (Hrsg.). (2007). *Gemeinsam für ein besseres Leben mit Demenz*. Bern: Huber.

Whitehouse, P. J. & George, D. (2009). *Mythos Alzheimer*. Bern: Huber.

Wißmann, P., Eisenberg, S., Grambow, E., Koczy, P., Kruse, A., Kuhn, C., ... Zegelin, A. (2007). *Demenzkranken begegnen*. Bern: Huber.

Empirisch neurokognitive Ansätze

Bonner, C. (2013). *Stressmindernde Pflege bei Menschen mit Demenz*. Bern: Huber.

Held, C. (2018). *Was ist gute Demenzpflege?* (2. Aufl.). Bern: Hogrefe. https://doi.org/10.1024/85655-00

Lind, S. (2011). *Fortbildungsprogramm Demenzpflege*. Bern: Huber.

Lind, S. (2007). *Demenzkranke Menschen pflegen*. Bern: Huber.

Savaskan, E. & Haasemann, W. (2017). *Leitlinie Delir*. Bern: Hogrefe. https://doi.org/10.1024/85761-000

Scholz, A.-K. & Niepel, A. (2019). *Das CC©-Konzept. Integratives Therapiekonzept für Menschen mit Gedächtnisverlust und neurokognitiven Störungen*. Bern: Hogrefe.

Smith, P. T. M. (2017). *Stressreduzierende Pflege von Menschen mit Demenz*. Bern: Hogrefe.

Weih, M. (2011). *Wie war das noch mal? – Lernen, Vergessen und die Alzheimer-Krankheit*. Bern: Huber.

Ernährung

Rückert, W., Arnold, R., Bauer-Söllner, B., Brinner, C., Ding-Greiner, C., Kolb, C., ... Vanorek, R. (2007). *Ernährung bei Demenz*. Bern: Huber.

Ethik

Petzold, C., Brucker, U., Ohnsorge, K., Reisach, B., Robertz-Grossmann, B., Roser, T., ... Wilkening, K. (2007). *Ethik und Recht*. Bern: Huber.

Evaluation

Becker, S., Kaspar, R. & Kruse, A. (2010). *H.I.L.DE – Heidelberger Instrument zur Erfassung der Lebensqualität demenzkranker Menschen*. Bern: Huber.

Innes, A. & McCabe, L. (Hrsg.). (2013). *Demenzevaluation*. Bern: Huber.

Riesner, C. (Hrsg.). (2014). *Dementia Care Mapping (DCM) – Evaluation und Anwendung im deutschsprachigen Raum*. Bern: Huber.

Frühe Demenz

Bölicke, C., Mösle, R., Romero, B., Sauerbrey, G., Schlichting, R., Weritz-Hanf, P. & Zieschang, T. (2007). *Ressourcen erhalten*. Bern: Huber.

Bredenkamp, R., Albota, M., Beyreuther, K., Bruder, J., Kurz, A., Langehennig, M., ... Weyerer, S. (2007). *Die Krankheit frühzeitig auffangen*. Bern: Huber.

Swaffer, K. (2017). *„Was zur Hölle geschieht in meinem Hirn?“*. Bern: Hogrefe. https://doi.org/10.1024/85851-000

Taylor, R. (2013). *Hallo Mr. Alzheimer*. Bern: Huber.

Gedächtnistraining

Oswald, W.D. (2014). *Aktiv gegen Demenz*. Göttingen: Hogrefe.

Herausforderndes Verhalten bei Menschen mit Demenz (BPSD)

Barrick, A.E. (2021). *Körperpflege ohne Kampf* (2. Aufl.). Bern: Hogrefe. https://doi.org/10.1024/86033-000

Bonifas, R. (2018). *Mobbing und Bullying unter alten Menschen*. Bern: Hogrefe. https://doi.org/10.1024/85767-000

James, I.A. (2019). *Herausforderndes Verhalten bei Menschen mit Demenz* (2. Aufl.). Bern: Hogrefe. https://doi.org/10.1024/85826-000

Marshall, M. & Allan, K. (2010). *„Ich muss nach Hause“. Ruhelose Menschen mit einer Demenz verstehen*. Bern: Huber.

Urselmann, W. & Georg, J. (2021). *Schreien und Rufen – Herausforderndes Verhalten bei Menschen mit Demenz* (2. Aufl.). Bern: Hogrefe.

Weber-Long, S. (2020). *Herausforderndes Verhalten*. Bern: Hogrefe.

White, E. (2013). *Sexualität bei Menschen mit Demenz*. Bern: Huber.

Kommunikation

Böhme, G. (2007). *Förderung der kommunikativen Fähigkeiten bei Demenz*. Bern: Huber.

Ellis, M. & Astell, A. (2019). *Nonverbale Kommunikation bei Menschen mit Demenz*. Bern: Hogrefe. https://doi.org/10.1024/85935-000

McCarthy, B. (2012). *Nur nicht den Verstand verlieren. Gute Kommunikation trotz(t) Demenz*. Bern: Huber.

Sachweh, S. (2019). *Spurenlesen im Sprachdschungel. Kommunikation und Verständigung mit demenzkranken Menschen* (2. Aufl.). Bern: Hogrefe.

Sachweh, S. (2012). *„Noch ein Löffelchen?“ – Effektive Kommunikation in der Altenpflege* (3. Aufl.). Bern: Huber.

Kunstgestützte, kreative Therapien

Basting, A.D. (2012). *Vergiss das Vergessen. Besser leben mit Demenz*. Bern: Huber.

Killick, J. & Craig, C. (2013). *Kreativität und Kommunikation bei Menschen mit Demenz*. Bern: Huber.

Sulser, R. (2010). *Ausdrucksmalen für Menschen mit Demenz* (2. Aufl.). Bern: Huber.

Zeisel, J. (2011). *„Ich bin noch hier“ – Menschen mit Alzheimer-Demenz kreativ begleiten – eine neue Philosophie*. Bern: Huber.

Körperorientierte Therapien bei Menschen mit Demenz

Champagne, T. (2019). *Sensorische Modulation für Menschen mit Demenz – Assessments und Aktivitäten für eine sensorisch anregende Umgebung zur Bedürfnisbefriedigung und Wahrnehmungsförderung*. Bern: Hogrefe. https://doi.org/10.1024/85988-000

Tanner, L.J. (2018). *Berührungen und Beziehungen bei Menschen mit Demenz*. Bern: Hogrefe. https://doi.org/10.1024/85855-000

Management, Patientensicherheit, Risikomanagement

Baker, C. (2015). *Exzellente Pflege von Menschen mit Demenz entwickeln*. Bern: Huber.

Loveday, B. (2015). *Demenzteams führen und leiten*. Bern: Huber.

McCormack, B., Manley, K. & Garbett, R. (Hrsg.). (2009). *Praxisentwicklung in der Pflege*. Bern: Huber.

Sanderson, H. & Bailey, G. (2015). *Praxishandbuch person-zentrierte Pflege*. Bern: Huber.

Mäeutik

van der Kooij, C. (2019). *„Komm doch mal in meine Welt". Mäeutische Pflege für Menschen mit geistiger Behinderung, kognitiven Beeinträchtigungen und Demenz*. Bern: Hogrefe.

van der Kooij, C. (2017). *Das mäeutische Pflege- und Betreuungsmodell* (2. Aufl.). Bern: Hogrefe. https://doi.org/10.1024/85626-000

van der Kooij, C. (2015). *Die Magie der Bewohnerbesprechung*. Bern: Hogrefe.

van der Kooij, C. (2012). *„Ein Lächeln im Vorübergehen" – Erlebnisorientierte Altenpflege mit Hilfe der Mäeutik*. Bern: Huber.

Montessori-basierte Ansätze

Camp, C. (2015). *Tatort Demenz – Menschen mit Demenz verstehen. Praxishandbuch für Demenz-Detektive*. Bern: Hogrefe.

Naturgestützte Therapie, Dementia Green Care

Chalfont, G. (2022). *Praxishandbuch Dementia Green Care*. Bern: Hogrefe. (in Vorbereitung)

Chalfont, G. (2009). *Naturgestützte Therapie*. Bern: Huber.

Föhn, M. & Dietrich, C. (Hrsg.). (2013). *Gärten und Demenz – Gestaltung und Nutzung von Außenanlagen für Menschen mit Demenz*. Bern: Huber.

Germann-Tillmann, T., Merklin, L. & Näf, A.S. (2019). *Tiergestützte Intervention* (2. Aufl.). Bern: Hogrefe. https://doi.org/10.1024/85822-000

Gilliard, J. & Marshall, M. (Hrsg.). (2014). *Naturgestützte Pflege von Menschen mit Demenz*. Bern: Huber.

Niepel, A. & Vef-Georg, G. (2020). *Praxishandbuch Gartentherapie* (2. Aufl.). Bern: Hogrefe. https://doi.org/10.1024/85927-000

Schneiter, R. & Föhn, M. (Hrsg.). (2020). *Lehrbuch Gartentherapie* (2. Aufl.). Bern: Hogrefe. https://doi.org/10.1024/85742-000

Waldboth, V., Suter-Riederer, S., Föhn, M., Schneiter-Ulmann, R. & Imhof, L. (2017). *Pflanzengestützte Pflege*. Bern: Hogrefe. https://doi.org/10.1024/85762-000

Palliative Dementia Care

Dibelius, O., Offermanns, P. & Schmidt, S. (2016). *Palliative Care von Menschen mit Demenz.* Bern: Hogrefe.
Kostrzewa, S. (2020). *Menschen mit geistiger Behinderung palliativ pflegen und begleiten* (2. Aufl.). Bern: Hogrefe. https://doi.org/10.1024/85954-000
Kostrzewa, S. (2010). *Palliative Pflege von Menschen mit Demenz* (2. Aufl.). Bern: Huber.

Person-zentrierte Pflege, Dementia Care Mapping (DCM)

Baker, C. (2015). *Exzellente Pflege von Menschen mit Demenz entwickeln.* Bern: Huber.
Brooker, D. (2008). *Person-zentriert pflegen. Das VIPS-Modell zur Pflege und Betreuung von Menschen mit Demenz.* Bern: Huber.
Kitwood, T. (2019). *Demenz* (8. Aufl.). Bern: Hogrefe. https://doi.org/10.1024/86004-000
Kuhn, D., Verity, J. (2012). *Die Kunst der Pflege von Menschen mit Demenz.* Bern: Huber.
Loveday, B. (2015). *Demenzteams führen und leiten.* Bern: Huber.
Riesner, C. (Hrsg.). (2014). *Dementia Care Mapping (DCM) – Evaluation und Anwendung im deutschsprachigen Raum.* Bern: Huber.
Sanderson, H. & Bailey, G. (2015). *Praxishandbuch person-zentrierte Pflege.* Bern: Huber.

Pflegeprozess und Pflegephänomene bei Menschen mit Demenz

Barrick, A.E. (2021). *Körperpflege ohne Kampf* (2. Aufl.). Bern: Hogrefe. https://doi.org/10.1024/86033-000
Fischer, T. (2012). *Schmerzeinschätzung bei Menschen mit schwerer Demenz.* Bern: Huber.
Gogl, A. (Hrsg.). (2013). *Selbstvernachlässigung bei alten Menschen.* Bern: Huber.
Gupta, A. (2012). *Assessmentinstrumente für alte Menschen.* Bern: Huber.
Handel, E. (Hrsg.). (2009). *Praxishandbuch ZOPA – Schmerzeinschätzung bei Patienten mit kognitiven und/oder Bewusstseinsbeeinträchtigungen.* Bern: Huber.
James, I.A. (2019). *Herausforderndes Verhalten bei Menschen mit Demenz. Einschätzen, verstehen, behandeln* (2. Aufl.). Bern: Hogrefe. https://doi.org/10.1024/85826-000
Lindesay, J., MacDonald, A. & Rockwood, K. (2009). *Akute Verwirrtheit – Delir im Alter.* Bern: Huber.
Marshall, M. & Allan, K. (2010). *„Ich muss nach Hause". Ruhelose Menschen mit einer Demenz verstehen.* Bern: Huber.
May, H., Edwards, P. & Brooker, D. (2011). *Professionelle Pflegeprozessplanung. Person-zentrierte Pflegeplanung für Menschen mit Demenz.* Bern: Huber.
Urselmann, W. & Georg, J. (2021). *Schreien und Rufen – Herausforderndes Verhalten bei Menschen mit Demenz* (2. Aufl.). Bern: Hogrefe.
Weber-Long, S. (2020). *Herausforderndes Verhalten.* Bern: Hogrefe.
White, E. (2013). *Sexualität bei Menschen mit Demenz.* Bern: Huber.

Positive Demenzpflege

Clarke, C. & Wolverson, E. (2019). *Positive Demenzpflege.* Bern: Hogrefe. https://doi.org/10.1024/85801-000

Ratgeber (Außenansichten)

Basting, A. D. (2012). *Vergiss das Vergessen. Besser leben mit Demenz*. Bern: Huber.
Bowlby Sifton, C. (2011). *Das Demenz-Buch* (2. Aufl.). Bern: Huber.
Buell-Whitworth, H. & Whitworth, J. (2020). *Das Lewy-Body-Demenz-Buch* (2. Aufl.). Bern: Hogrefe.
Klessmann, E. (2011). *Wenn Eltern Kinder werden und doch die Eltern bleiben* (7. Aufl.). Bern: Huber.
Mace, N. L. & Rabins, P. V. (2012). *Der 36-Stunden-Tag* (6. Aufl.). Bern: Huber.
Whitehouse, P. J. & George, D. (2009). *Mythos Alzheimer*. Bern: Huber.

Ratgeber (Innenansichten)

Bryden, C. (2016). *Nichts über uns, ohne uns!* Bern: Hogrefe.
Bryden, C. (2011). *Mein Tanz mit der Demenz – Trotzdem positiv leben*. Bern: Huber.
Inauen, F. (2016). *Eins nach dem anderen – Texte und Zeichnungen einer Demenz*. Bern: Hogrefe.
Snyder, L. (2011). *Wie sich Alzheimer anfühlt*. Bern: Huber.
Swaffer, K. (2017). *„Was zur Hölle passiert in meinem Hirn?"*. Bern: Hogrefe.
Taylor, R. (2013). *Hallo Mr. Alzheimer*. Bern: Huber.
Taylor, R. (2011a). *Alzheimer und Ich* (3. Aufl.). Bern: Huber.
Taylor, R.(2011b). *Der Moralische Imperativ des Pflegens*. Bern: Huber.
Taylor, R. (2011c). *Im Dunkeln würfeln. Portraits, Bilder und Geschichten einer Demenz*. Bern: Huber.
Wißmann, P., Steinauer, B. & Könemann, R. (2022). *Herausforderung angenommen! – Unser neues Leben mit Demenz*. Bern: Hogrefe.

Rehabilitation

Gogia, P. P. & Rastogi, N. (2014). *Alzheimer-Rehabilitation. Menschen mit Demenz stabilisieren und rehabilitieren*. Bern: Huber.
Röse, K. M. (2017). *Betätigung von Menschen mit Demenz im Kontext Pflegeheim*. Bern: Hogrefe. https://doi.org/10.1024/85470-000

Reminiszenz/Biografiearbeit/ROT

Schweitzer, P. & Bruce, E. (2010). *Das Reminiszenzbuch*. Bern: Huber.

Technische Unterstützung

Heeg, S., Heusel, C., Kühnle, E., Külz, S., von Lützau-Hohlbein, H., Mollenkopf, H., ... Schweizer, R. (2007). *Technische Unterstützung bei Demenz*. Bern: Huber.

Transkulturelle Pflege und Kompetenz

Dibelius, O., Feldhaus-Plumin, E. & Piechotta-Henze, G. (Hrsg.). (2015). *Lebenswelten von Menschen mit Migrationserfahrung und Demenz*. Bern: Hogrefe.
Krasberg, U. (2013). *„Hab ich vergessen, ich hab' nämlich Alzheimer"*. Bern: Huber.

Umgebungsgestaltung, Milieu, Wohnen, Architektur

Chalfont, G. (2022). *Praxishandbuch Dementia Green Care*. Bern: Hogrefe.

Chalfont, G. (2009). *Naturgestützte Therapie*. Bern: Huber.

Föhn, M. & Dietrich, C. (Hrsg.). (2013). *Gärten und Demenz – Gestaltung und Nutzung von Außenanlagen für Menschen mit Demenz*. Bern: Huber.

Germann-Tillmann, T., Merklin, L. & Näf, A.S. (2019). *Tiergestützte Intervention* (2. Aufl.). Bern: Hogrefe. https://doi.org/10.1024/85822-000

Gilliard, J. & Marshall, M. (Hrsg.). (2014). *Naturgestützte Pflege von Menschen mit Demenz*. Bern: Huber.

Niepel, A. & Vef-Georg, G. (2020). *Praxishandbuch Gartentherapie* (2. Aufl.). Bern: Hogrefe. https://doi.org/10.1024/85927-000

Schneiter, R. & Föhn, M. (Hrsg.). (2020). *Lehrbuch Gartentherapie* (2. Aufl.). Bern: Hogrefe. https://doi.org/10.1024/85742-000

Waldboth, V., Suter-Riederer, S., Föhn, M., Schneiter-Ulmann, R. & Imhof, L. (2017). *Pflanzengestützte Pflege*. Bern: Hogrefe. https://doi.org/10.1024/85762-000

Sachwortverzeichnis